U0573540

新经济环境下企业财务管理实务研究

李悦享　李雅莉　方　瑶　著

中国国际广播出版社

图书在版编目（CIP）数据

新经济环境下企业财务管理实务研究 / 李悦享, 李雅莉, 方瑶著.
－－北京：中国国际广播出版社,2023.12

ISBN 978-7-5078-5495-4

Ⅰ.①新… Ⅱ.①李… ②李… ③方… Ⅲ.①企业管理—财务管理
—研究 Ⅳ.①F275

中国版本图书馆 CIP 数据核字（2023）第 246967 号

新经济环境下企业财务管理实务研究

著　　者	李悦享　李雅莉　方　瑶	
责任编辑	张娟平	
校　　对	张　娜	
封面设计	万典文化	

出版发行　中国国际广播出版社有限公司
电　话　010-86093580　010-86093583
地　址　北京市丰台区榴乡路88号石榴中心2号楼1701
邮　编　100079
印　刷　天津市新科印刷有限公司

开　本　787 毫米 × 1092 毫米　1/16
字　数　240 千字
印　张　11.5
版　次　2024 年 3 月第 1 版
印　次　2024 年 3 月第 1 次印刷
定　价　68.00元

PREFACE

前　言

随着科技的迅速发展、全球化的加深，以及商业模式的不断演变，企业操作环境正在经历翻天覆地的变化。这种新经济环境为企业带来了机遇，同时也带来了前所未有的财务管理挑战。传统的财务管理方法可能不再适用，因此对新经济下的财务管理实务进行深入研究显得尤为重要。新经济环境下，企业面临着数字化转型、创新型金融工具的应用、市场竞争加剧等多方面的挑战。财务管理需要更灵活、前瞻性，以更好地适应这些快速变化的条件。监管要求的变化和财务信息的复杂性也给企业管理者带来了前所未有的艰巨任务。

近年来，我国的经济环境不断向好，经济发展的步伐趋于稳健，尤其是经济体制在不断地完善。而经济发展需要与时代发展相吻合，有适应经济发展的体制，才能够在国家和社会未来发展中发挥相应的作用，而企业作为经济体制中的关键角色，在管理方面，需要进行及时的革新和改善，只有这样才能够保证企业在经济发展中的生命力以及同行业的竞争力。所以本书对新经济环境以及在企业财务管理方面的影响进行了探究，针对新经济环境下企业财务管理的发展进行分析，并就新经济环境下企业财务管理的一系列问题进行探讨。

传统的财务管理方法在新经济条件下可能已经变得不再适用。数字化转型要求企业重新思考财务决策的方式，注重数据分析和信息技术的应用。新型金融工具的出现为企业提供了更多的融资和投资选择，但也带来了新的风险和复杂性，需要谨慎的财务规划和风险管理。在这个环境下，企业的财务管理者需要更具前瞻性，更灵活地应对市场变化。监管要求的变化和财务信息的复杂性使得企业管理者需要更加注重合规性，加强内部控制和监管。

本书研究的目的是深入剖析新经济环境下企业财务管理的实际操作。经过研究财务决策的新趋势、风险管理的策略、信息技术的应用等方面，旨在为企业管理者提供在新经济条件下更为有效的财务管理策略。每一章节将结合理论与实践，为企业提供可行的建议，帮助其更好地适应并应对新经济环境带来的挑战。

本书由唐山职业技术学院李悦享、石家庄理工职业学院李雅莉、宣城职业技术学院方瑶共同完成。具体分工如下：李悦享负责撰写了第一章至第五章的内容(约15万字)，李雅莉负责撰写了第六章的内容(约4.5万字)，方瑶负责撰写了第七章的内容(约4.5万字)，全书由冯静负责修改。

本书是宣城职业技术学院校级质量工程项目：课程思政示范课程《财务管理》《项目编号2022kcszsfkc01》的研究成果之一。

CONTENTS 目 录

第一章　企业财务会计管理的基本理论

第一节　财务会计管理的概念

一、财务会计管理的含义

财务会计管理是企业运营中至关重要的一环。其核心在于经过系统的收集、加工、分析和报告企业的财务信息，为管理层提供全面的决策支持和信息反馈。这一过程覆盖了对企业财务状况、经营成果以及现金流量等方面的全面管理和监控。这种管理手段的目标在于确保企业的财务信息具有准确、及时和可靠的特点，以便管理者能够基于真实可信的数据做出明智的决策。及时了解企业的财务状况，管理层能够更好地规划未来的发展方向，优化资源配置，降低风险，提高企业的竞争力。财务会计管理是一项复杂而精密的工作，要求对财务信息的处理具有高度的专业性和精准性。只有科学而系统的财务会计管理，企业才能更好地应对市场的变化，保持良好的经济健康状态。

二、财务会计管理的特点

财务会计管理具有以下特点：

（一）信息收集与加工

财务会计管理涉及对企业的财务信息进行系统收集，包括原始凭证的整理、分类、登记等环节。对这些信息进行加工处理，形成财务报表，如资产负债表、利润表等。

1. 原始凭证的获取

企业在这个阶段需要收集各种原始凭证，如销售发票、采购单据、银行对账单等。

这些原始凭证是记录企业日常经济活动发生的关键文件，为财务信息的构建提供了基础数据。销售发票反映了企业销售产品或提供服务的交易情况，采购单据记录了企业购买物品或服务的细节，而银行对账单则展示了企业与银行之间的资金流动情况。这些原始凭证的准确性和完整性对后续的财务信息处理至关重要。获取原始凭证，企业能够建立起对经济活动的清晰记录，为后续的会计处理和报告奠定基础。这有助于确保财务信息的可靠性，为管理层提供准确的数据基础，支持他们做出明智的决策。

2. 凭证的整理与分类

凭证的整理与分类是会计工作中至关重要的一步，它确保了财务信息的准确性和可追溯性会计科目通常包括资产、负债、所有者权益、成本、费用和收入等。将凭证按照这些科目分类，有助于建立清晰的账务体系，使每一笔交易都能准确地反映在相应的账户中。每一笔交易都应有相应的凭证，凭证上应包含有关交易的所有必要信息，如交易日期、金额、交易主体等。完整的凭证能够为后续的核对和审计提供必要的支持。编号有助于跟踪和管理大量的凭证，日期标注则有助于确保凭证按照时间顺序进行整理。这样的标识方式使得会计人员能够更轻松地查找和定位特定的凭证。可以按照时间、交易类型或其他相关因素建立凭证的索引或分类账簿，以便快速查找和检索需要的信息。这种组织方式有助于提高工作效率。在整理和分类凭证的过程中，要保持精确性和一致性。每一笔交易都应按照相同的原则和规定进行分类，以确保账务记录的一致性。错误或混淆可能导致财务信息的不准确，因此需要特别注意。建议定期进行凭证的复核和审查。这有助于及时发现可能的错误或遗漏，确保凭证的质量和准确性。定期审查还有助于在财务报告中发现潜在的问题，并及时进行调整。在整个凭证整理和分类的过程中，遵循以上步骤和原则能够确保财务信息的准确性、完整性和可追溯性，为后续的会计处理和财务分析提供可靠的基础。

3. 登记过程

登记过程是会计工作中至关重要的一环，它是将整理和分类后的凭证信息记录到企业的会计系统中的关键步骤。这个过程包括将凭证上的数据输入到不同的账簿中，如总账和明细账等。登记的准确性直接影响了最终的财务报表准确性，需要严格按照会计规定和原则进行操作。总账是记录企业所有会计科目的账簿，登记过程中将凭证上的信息按照会计科目归类并输入到总账中。每个科目都有相应的账户，而每个账户都对应着特定的资产、负债、成本、费用或收入。登记到总账可以追踪每个科目的余额和变动情况，为后续的财务报表提供数据支持。明细账则是对总账中某一特定科目下的详细账户进行记录。在登记过程中，将凭证上的信息按照科目的细分输入到相应的明细账户中，确保每一笔交易都有详细的记录。这有助于深入了解特定科目的具体变动情况，为企业管理层提供更精准的决策依据。在登记过程中，需要确保凭证上的每一笔交易都被正确地分配到相应的科目和账户中。这包括对金额、日期、交易主体等信息的准确录入，以保证账务的准确性和完整性。错误或遗漏可能导致后续的财务分析和报告出现问题，对于登记的每一个步骤都需要谨慎对待。自动化的会计系统可以极大地提高登记的效率和准确性。现代企业通常采用电子化的会计系统，可以输入凭证信息自动进行科目分类、账户归集和计算。这不仅减少了手工登记可能出现的错误，还提高了工作效率，使会计人员能够更专注于财务分析和决策支持等高级任务。对于一些常发生的交易，企业还可以设置自动记账规则，使系统能够根据预设规则自动进行登记，减轻会计人员的负担，同时提高了及时性。登记过程是整个会计体系中至关重要的一步。准确地将凭证信息记录到总账和明细账中，企业能够建立起清晰、准确的账务体系，为制作财务报表、进行财务分析和支持管理决策提供可靠的数据基础。严格按照会计规定和原则进行登记操作，确保登记的准确性和完整性，是保障企业财务信息可靠性的关键步骤。

4. 信息加工与汇总

信息加工与汇总是财务管理中的关键环节，它涉及对已登记的原始信息进行深入分析、计算和整合，以形成更全面、准确的财务数据。这个过程不仅有助于满足财务报告的要求，还提供了支持企业决策和战略规划的关键信息。信息加工阶段包括对已登记的数据进行计算、分类和分析。这可能涉及到各种财务指标的计算，如利润率、偿债能力、经营效益等。对这些指标的计算，企业能够更全面地了解其财务状况，帮助管理层做出更明智的决策。账务调整是信息加工中的重要一环。会计准则要求企业在财务报表中进行一些调整，以确保其真实、公允地反映财务状况和经营业绩。这可能包括计提坏账准备、调整存货估值、摊销固定资产等。调整的目的是使财务报表更准确地反映企业的实际状况，确保其遵循会计原则和法规。信息加工与汇总还包括对不同账户的数据进行整合，形成综合性的财务报表。这通常包括资产负债表、利润表和现金流量表。这些报表为内外部利益相关者提供了对企业财务状况和业绩的全面认识，是决策制定和战略规划的基础。信息加工也可能包括对财务数据的趋势分析和比较。比较不同时间段的财务数据或与同行业企业的比较，企业能够发现潜在的问题、寻找机会，并做出相应的调整和决策。在这个过程中，信息系统的运用是至关重要的。现代企业通常使用先进的财务软件，这些软件能够自动进行信息加工和汇总，提高效率，减少错误。信息系统还能够生成各种财务报表，并支持对数据的灵活分析和查询。信息加工与汇总是将原始财务数据转化为有用信息的关键步骤。采用计算指标、进行账务调整、整合财务报表等方式，企业能够更全面、准确地了解其财务状况，为管理层提供决策支持，同时满足外部利益相关者对透明度和可信度的需求。这个过程有助于企业更好地应对挑战，抓住机会，持续改进经营绩效。

5. 财务报表的生成

生成财务报表是会计工作的最终步骤，对已加工的财务信息进行整合和呈现，为内外部利益相关者提供了全面的企业财务状况和经营绩效的快照。这些财务报表包括资产负债表、利润表和现金流量表，是企业财务健康状况的主要展示方式。资产负债表是企业财务报表的核心之一。它展示了企业在特定日期的资产、负债和所有者权益的情况。资产负债表的编制涉及到对已登记的各项资产（如现金、应收账款、固定资产等）和负债（如应付账款、借款等）进行分类和加总。采用资产负债表企业管理层能够清晰地了解到企业的资产规模、负债状况以及净资产水平。利润表反映了企业在一定时期内的营业收入、营业成本、税前利润、所得税和净利润等财务信息。编制利润表需要对已加工的财务信息进行进一步的整合和计算。采用利润表，企业能够了解到自己的盈利状况，包括销售收入、毛利润、净利润等关键指标，为制定经营战略提供了依据。现金流量表展示了企业在一定时期内的现金收入和支出状况，分为经营活动、投资活动和筹资活动三大类。生成现金流量表需要对已加工的财务信息进行进一步的整合和分类。现金流量表提供了企业现金管理的关键信息，有助于评估企业的现金流动性和偿债能力。在生成财务报表的过程中，要确保报表的准确性、真实性和合规性。这意味着需要对财务信息进行仔细的审查和核实，确保所有的会计原则和准则都得到了遵守。财务报表的准确性对于企业内外部的决策者都至关重要，它直接影响到对企业财务状况的信任度和透明度。现代企业通常使用电子化的会计系统，这些系统能够自动生成财务报表，提高效率，减少错误。这些系统还能够支持多维度的数据分析和报告，为管理层提供更全面、及时的财务信息。财务报表的生成是财务管理过程的收官之举，是企业对外展示自身财务状况和经营绩效的主要方式。采用资产负债表、利润表和现金流量表，企业能够清晰地了解到自己的财务健康状况，为制定战略决策和未来规划提供了有力的支持。这些报表也是外部利益相关者评估企业价值和风险的主要依据。在财务报表生成的过程中，精准性、可靠性和透明度是至关重要的原则。信息收集与加工是财务会计管理的基础，它确保了企业能够准确记录和反映其财务活动。这一过程的每个环节都相互关联，影响着最终形成的财务报表的质量，为管理层提供可靠的信息基础，支持他们做出明智的决策。

（二）决策支持

财务会计管理的目的是为企业管理层提供决策支持。对财务信息的分析和解读，管理者可以更好地了解企业的财务状况，制定战略规划，做出各种经营决策，以实现企业的长远发展目标。

1. 财务信息的收集与整理

在企业决策支持的复杂网络中，财务信息的收集与整理是至关重要的第一步。这一过程涉及到获取、分析和组织企业财务数据，以确保管理层能够基于准确而及时的信息做出明智的决策。资产负债表、利润表和现金流量表等财务报表成为财务信息收集的核心。资产负债表展示了企业在特定时点的财务状况，包括资产和负债的情况，为管理层提供了企业的整体健康状况。利润表则反映了企业在一定时期内的盈利状况，为决策者提供了对企业盈利能力的了解。而现金流量表则展示了企业现金的流入和流出情况，帮助管理层了解企业的现金流动性状况。除了这些基本的财务报表，还需要考虑其他与财务相关的数据，如财务比率、成本结构、市场趋势等。这些数据可以帮助管理层更全面地了解企业的财务状况，为决策提供更多的参考依据。财务信息的准确性和及时性对于决策支持至关重要。准确的财务信息可以确保管理层基于真实的数据做出决策，避免了基于错误信息而采取的决策可能导致的风险和损失。及时的财务信息可以使管理层在迅速变化的市场环境中做出敏捷的决策，抓住机会，应对挑战。在收集财务信息的过程中，使用先进的财务信息系统和技术工具也是必不可少的。这些系统能够提高信息收集的效率，减少人为错误，确保数据的准确性。数据的整合和分析也需要借助数据分析工具，帮助管理层从庞大的数据中提取有价值的信息。财务信息的收集与整理是决策支持的基础，为管理层提供了深入了解企业财务状况的途径。准确、及时地收集和整理财务信息，企业能够在竞争激烈的市场中更好地制定战略，做出明智的决策，实现可持续发展。

2. 财务比率和趋势分析

财务比率和趋势分析是深入了解企业财务状况的重要工具，为管理层提供了对企业运营和财务绩效的全面洞察。财务比率分析是评估企业不同方面财务表现的关键手段之一。利润率，如净利润率和毛利润率，能够反映企业盈利能力的强弱。偿债能力比率，如流动比率和速动比率，帮助管理层了解企业的偿债能力和流动性状况。营运效率比率，如总资产周转率和应收账款周转率，揭示了企业的资产利用效率。这些比率的综合分析，管理层可以全面了解企业在盈利、偿债和经营效率等方面的表现。趋势分析关注财务数据的演变趋势，比较不同时间点的财务数据，帮助管理层捕捉潜在的问题和机会。例如，对净利润、销售额等关键指标的年度或季度趋势进行分析，管理层可以判断企业的发展方向和成长潜力。趋势分析还能揭示出现在财务报表中的模式，如季节性波动或周期性变化，有助于制定更具前瞻性的战略。这两种分析方法的结合为管理层提供了更深层次的洞察力。比率分析，管理层可以识别企业的财务强项和弱项，并制定针对性的战略。趋势分析则为管理层提供了更长远的决策视角，使其能够更好地预测未来的财务走势，及时调整战略，做出更具前瞻性的决策。财务比率和趋势分析是管理层在制定决策时不可或缺的工具，为其提供了全面、深入的财务信息，有助于制定有效的战略，促使企业取得可持续的成功。

3. 成本管理与效益分析

成本管理与效益分析在企业决策支持中扮演着至关重要的角色，为管理层提供了优化成本结构和提高效益的有效工具。成本管理涉及对企业各项成本的详细了解和分析。对成本项目的结构和分布进行深入研究，管理层可以识别出造成成本增长的主要因素，找到成本结构中的瓶颈和潜在的优化点。这种精细化的成本分析有助于企业更有效地进行成本控制，提高整体的盈利能力。效益分析着眼于判断各项成本支出对企业的价值贡献。分析不同成本项目的效益，管理层能够更明晰地了解每项支出对企业绩效和目标的影响。这种分析有助于优化资源分配，确保有限的资源投入到最能够创造价值的领域，提高整体效益水平。成本效益分析还能够帮助管理层做出更明智的决策。对不同决策方案的成本和效益进行比较，管理层能够选择最具经济效益的方案，降低不必要的成本支出，提高企业的竞争力。在进行成本管理与效益分析时，技术和工具的应用也变得至关重要。先进的成本管理系统和数据分析工具能够帮助企业更快速、准确地收集和分析成本数据，为管理层提供更有针对性的决策支持。成本管理与效益分析是企业决策支持中的重要组成部分。深入了解成本结构、判断效益贡献，管理层可以更好地制定成本控制策略，优化资源配置，为企业的可持续发展提供坚实基础。

4. 投资和融资决策

投资和融资决策是企业决策支持中至关重要的方面，财务会计管理在这一过程中扮演着基础性的角色。对企业资本结构、融资成本和投资回报率等方面进行深入分析，管理层能够制定最符合企业发展需求的融资方案，并选择具有潜在增值的投资项目，为企业的长远战略规划提供坚实基础。资本结构的分析对于融资决策至关重要。管理层需要仔细考虑使用债务和股权的比例，以确保维持合理的资本结构。权衡债务融资和股权融资的利弊，企业能够最大程度地降低融资成本，提高财务稳健性。融资成本的评估是决策的关键因素之一。管理层需要考虑不同融资方案的成本，包括利率、还款期限等。综合考虑融资成本和企业的偿债能力，可以选择最适合企业的融资方式，以满足资金需求同时降低财务风险。投资决策则需要综合考虑投资项目的潜在回报和风险。管理层对投资项目的财务分析，包括净现值、内部收益率等指标的评估，能够判断投资项目是否符合企业的长期目标，并为投资决策提供科学依据。在这一过程中，财务会计管理系统和数据分析工具的应用显得尤为重要。这些工具能够提供实时的财务数据，帮助管理层更准确地评估资本结构、融资成本和投资回报率，为决策提供更有力的支持。投资和融资决策直接关系到企业的长远发展，是财务会计管理的核心职责之一。科学的财务分析和合理的决策，企业能够更好地应对市场变化，提高竞争力，实现可持续发展。

5. 战略规划与风险管理

财务会计管理在支持管理层进行战略规划和风险管理方面发挥着关键的作用。提供详实的财务信息，管理层能够更全面地了解市场趋势、竞争环境和行业变化，制定适应性强、风险可控的战略计划。财务信息为管理层提供了企业当前状况的清晰画面，有助于分析市场趋势和行业动态。深入了解财务数据，管理层可以识别机会和挑战，制定更符合企业实际情况的战略规划。这包括确定市场定位、产品发展方向、扩张计划等，为企业未来的发展奠定基础。财务会计管理还在风险管理中发挥着关键作用。对财务风险的识别和评估，管理层能够更好地了解企业所面临的各种风险，包括市场风险、经济风险、法规风险等。这种识别和评估为制定有效的风险管理策略提供了基础，帮助企业降低潜在的财务损失，保障经营的稳健性。在这一过程中，技术工具的运用也变得愈加重要。先进的财务分析工具和风险管理系统能够帮助管理层更快速、准确地进行数据分析，提高对市场和风险的敏感度，使决策更具前瞻性。财务会计管理经过提供详实的财务信息，为管理层的战略规划和风险管理提供了坚实的支持。在不断变化的商业环境中，这种全面的信息洞察和风险管理能力是企业取得长期成功的重要保障。

（三）信息报告

财务会计管理产生的财务报表不仅为内部管理层提供信息，也为外部利益相关方（如股东、投资者、债权人等）提供透明度。这有助于建立企业的信誉，吸引投资，促进企业的合作和发展。

1. 内部管理层的决策支持

财务报表作为企业内部管理层的决策支持工具，在制定战略和决策方面扮演着不可替代的角色。深入分析财务报表中的各种财务指标和比率，管理层能够全面了解企业的财务状况和业绩表现，为制定有效战略提供了坚实的基础。利润表的分析为管理层提供了对企业盈利能力的深入洞察。关注毛利润率、净利润率等指标，管理层能够了解企业在特定时期内的盈利状况。这有助于制定盈利增长战略，调整产品定价或成本结构，以提高整体盈利水平。资产负债表的分析提供了企业资产和负债状况的全貌。管理层可以经过关注流动资产、流动负债等指标评估企业的偿债能力和流动性状况。这种信息对于制定融资策略、资本结构优化具有重要意义。现金流量表的详细分析有助于管理层了解企业现金的流入和流出情况。关注经营、投资和融资活动的现金流量，管理层能够制定更加精准的现金管理策略，确保企业在面对突发资金需求时具备足够的流动性。财务报表中包含的各种财务比率，如负债率、收益率等，为管理层提供了对企业运营和财务状况的全方位评估。这些比率的综合分析有助于管理层深入了解企业的经营效率、财务稳健性等方面的表现，为制定全面战略提供有力支持。财务报表为内部管理层提供了决策支持的详实数据，帮助他们在复杂的商业环境中做出明智的决策。深入分析这些财务信息，管理层能够更好地应对市场挑战，推动企业朝着可持续发展的目标不断前进。

2. 外部投资者的决策依据

外部投资者,特别是股东和潜在投资者,将财务报表视为评估企业健康和价值的主要依据之一。财务报表提供了关于企业财务状况、经营绩效和未来潜力的详细信息,为外部投资者提供了决策的关键依据。财务报表中的利润表为外部投资者提供了对企业盈利能力的直观了解。分析毛利润率、净利润率等指标,投资者能够评估企业的盈利水平。这有助于投资者判断企业是否具有稳健的盈利能力,做出投资决策。资产负债表为外部投资者提供了对企业资产和负债结构的全面认识。投资者可以经过关注流动资产、长期负债等指标来了解企业的偿债能力和财务稳定性。这对于投资者判断企业是否具备稳健的财务基础,降低投资风险至关重要。现金流量表提供了有关企业现金流动情况的信息。外部投资者可以采用分析现金流量表,了解企业的现金收入和支出情况,判断企业是否能够有效管理现金流,应对潜在的财务风险。财务报表中的各种财务比率,如市盈率、资本回报率等,为外部投资者提供了评估企业绩效和估值的重要工具。这些比率的综合分析有助于投资者更全面地了解企业的市场表现和投资价值,指导他们做出明智的投资决策。财务报表为外部投资者提供了企业财务状况的透明度,是他们制定投资策略和决策的基础。透明的财务信息有助于建立信任,提高投资者对企业的信心,进而促进资本市场的发展和企业的健康成长。

3. 债权人的风险评估

债权人,如银行和其他借款机构,依赖于财务报表来评估借款企业的信用风险。深入分析企业的资产负债表和经营性现金流量,债权人能够评估企业的偿债能力和还款能力,更准确地确定借款条件,包括利率和贷款期限,同时降低债权人的风险。资产负债表为债权人提供了对企业财务状况的整体了解。债权人可以关注企业的资产、负债和股东权益,能够评估企业的资产负债结构以及资产的流动性和价值。这有助于债权人判断企业是否具备足够的资产作为贷款的担保,降低贷款违约的风险。债权人经过对经营性现金流量的分析,了解企业的经营活动是否能够生成足够的现金流,以支持债务的偿还。经营性现金流量表反映了企业的经营活动产生的现金流入和流出情况,为债权人提供了企业还款能力的直观信息。这有助于债权人判断企业是否能够按时偿还借款,降低贷款违约的风险。财务报表中的财务比率,如债务比率、利息保障倍数等,也为债权人提供了对企业财务状况的更深入的评估工具。这些比率可以帮助债权人判断企业的财务稳健性,指导他们在贷款条件中确定合适的利率和期限,更好地管理债务风险。在进行债权人的风险评估时，债权人还需要考虑宏观经济环境、行业竞争状况等外部因素，与企业的财务状况相结合进行全面的风险评估。债权人能够更科学地制定贷款条件，确保借款企业和债权人的共赢关系。

4. 建立企业信誉

建立企业的良好声誉对于吸引投资、拓展业务和维护持续发展至关重要，而财务报表透明度在这一过程中扮演着关键角色。透过公开展示企业的财务状况，企业能够赢得投资者和其他利益相关方的信任，提升企业形象，增强市场地位，吸引更多的投资和业务机会。透明的财务报告体现了企业的负责任经营。公开展示准确、全面的财务信息，企业表明其具备良好的财务管理和透明度，采取了负责任的经营做法。这有助于建立企业的声誉，让投资者和利益相关方相信企业在财务方面具备稳健性和可靠性。透明的财务报告提升了企业的市场形象。投资者和合作伙伴倾向于选择与财务状况透明、信息公开的企业合作，因为这有助于降低投资和合作的不确定性。透明度提升企业的可信度，为企业树立了良好的商业形象，为未来的合作和发展奠定了基础。透明的财务报告也为企业赢得投资提供了有力支持。投资者更愿意投资于他们能够理解和信任的企业，而透明度高的财务报告为投资者提供了充足的信息，使其更容易做出明智的投资决策。这有助于吸引更多的投资，为企业的扩张和发展提供资金支持。透明的财务报表制度是建立企业信誉的重要一环。展示企业的财务状况，企业能够赢得外部利益相关方的信任，巩固市场地位，为可持续发展创造良好的商业环境。

5. 促进企业的合作和发展

对外部利益相关方，如供应商、客户和合作伙伴而言，财务报表的透明度是建立信任、促进合作和推动共同发展的关键因素。了解企业的财务健康状况，外部利益相关方更愿意与企业建立长期合作关系，为企业创造有利的发展条件。对供应商而言，透明的财务报表可以展示企业的支付能力和财务稳健性。供应商希望与有稳定财务基础的企业合作，确保其提供的产品和服务能够按时获得合理的报酬。透明的财务信息有助于建立与供应商之间的信任，为建立长期的供应链关系奠定基础。对客户而言，透明的财务报表可以传递企业的稳健性和可靠性。客户倾向于选择与财务状况良好、可持续经营的企业合作，以确保其业务关系的稳定性。透过财务报表的透明度，企业能够赢得客户的信任，促成更有利的业务合作。合作伙伴也更愿意与财务状况透明的企业建立战略合作关系。透明的财务信息有助于合作伙伴全面了解企业的经营状况和财务实力，更有信心地投入合作。这有助于建立合作伙伴之间的互信，为双方共同发展提供坚实基础。透明的财务报表为企业吸引更多的合作伙伴创造了有利条件。具备透明度的企业更容易建立与外部利益相关方的紧密合作关系，推动业务的发展和拓展市场份额。这种合作不仅有助于企业在竞争激烈的市场中立足，还为未来的业务拓展创造了更多机会。透明的财务报表为企业与外部利益相关方之间建立信任、促进合作和共同发展提供了坚实的基础。展示企业的财务状况，企业能够吸引更多合作伙伴，推动业务的蓬勃发展。

（四）法规合规

财务会计管理需要遵守相关的法规和会计准则，以确保财务信息的合法性和规范性。这有助于提高企业的经营透明度，降低法律风险。

1. 遵循会计准则确保财务报告准确性

会计准则在财务会计管理中扮演着至关重要的角色，其目的是确保企业编制的财务报告具有准确性、可比性和可靠性。遵循会计准则有助于规范会计处理和报告标准，提高财务信息的质量。这不仅有益于内部管理层做出明智的决策，也为外部利益相关方提供了可信赖的信息。会计准则的遵循确保了财务报告的准确性。会计准则规定了一套标准化的会计处理方法，包括资产和负债的确认、计量和报告标准。这种一致性有助于消除不同企业之间的会计处理差异，确保了财务报告中的数字是可比较的，提高了报告的准确性。会计准则注重真实性和公允价值的体现。财务报告应真实地反映企业的财务状况和业绩，而会计准则规定了按照公允价值计量资产和负债的要求。这确保了财务报告中的数字更加客观、真实，有助于外部利益相关方对企业的真实状况有清晰的了解。会计准则要求财务报告具有一定的披露要求。企业需要在财务报告中披露各种重要信息，包括会计政策、关联交易、重要的财务指标等。这种披露要求提高了财务信息的透明度，使外部利益相关方更容易理解企业的财务状况和经营状况。会计准则还推动了财务报告的审计要求。独立的注册会计师事务所对企业的财务报表进行审计，以确保报表的可靠性和真实性。审计过程为外部利益相关方提供了对企业财务报告的独立验证，增强了报告的可信度。遵循会计准则不仅有助于内部管理层做出明智的决策，也为外部利益相关方提供了可信赖的信息。透过规范的会计处理和报告标准，企业能够建立起良好的财务基础，为可持续的发展创造了稳固的基石。

2. 法规合规降低法律风险

在财务会计管理中遵守相关法规，如税收法、公司法和会计法，对于降低企业的法律风险至关重要。合规性不仅可以防范可能的法律诉讼，还有助于建立企业的声誉和信任。违反法规可能导致罚款、法律责任甚至企业关闭，因此遵守法规是企业生存和发展的基本要求。遵守税收法规有助于降低企业的税务风险。确保按照法规报税不仅可以避免罚款和利息的支付，还有助于维护企业与税收机关的良好关系。合规的税务实践使企业能够规避潜在的税收审计和法律诉讼，确保财务稳健。遵守公司法规定的要求有助于规范企业的经营行为，降低法律责任风险。公司法规定了企业的组织结构、治理机制和财务报告等方面的规范，确保企业在合法合规的框架内运营。合规性的经营有助于避免公司管理层和股东因不当行为而面临的法律责任。遵守会计法规有助于确保企业的财务报告准确、透明。会计法规规定了财务报告的编制要求和披露标准，保障了财务信息的准确性和透明度。合规的财务报告有助于建立外部利益相关方对企业财务状况的信任，降低与投资者、合作伙伴之间的法律风险。遵守法规有助于维护企业的声誉和信誉。合规经营是企业社会责任的体现，有助于树立企业的良好形象。建立在合规基础上的声誉和信任可以为企业吸引更多的投资、客户和合作伙伴，推动业务的稳健发展。法规合规是财务会计管理中的基本原则之一，对于降低法律风险、确保企业的可持续发展具有重要作用。遵守相关法规，企业能够规避潜在的法律问题，保障经营的合法性和合规性。这有助于企业在竞争激烈的市场中稳健发展，建立长期可持续的经营模式。

3. 经营透明度促进利益相关方信任

经营透明度是企业与内部外部利益相关方建立信任关系的重要基础，而遵守法规和会计准则是实现经营透明度的关键因素之一。透过提供清晰、准确、可靠的财务信息，企业能够赢得内外利益相关方的信任，促进合作和投资。遵守法规和会计准则确保了财务信息的真实性和准确性。合规性的财务报告按照规范的标准编制，减少了误导性和不准确的风险。这种真实和准确的财务信息使内部管理层更容易了解企业的财务状况，做出明智的经营决策。透明的财务信息有助于吸引投资者。投资者倾向于选择能够提供透明度和可信赖财务信息的企业。遵守法规和会计准则，企业能够展示其经营透明度，为投资者提供了更清晰的投资决策依据。透明度提高了投资者对企业财务健康的信心，促使他们更愿意投资。透明度也在吸引合作伙伴方面发挥着关键作用。

合作伙伴更倾向于与经营透明的企业建立长期战略合作关系。透明的财务信息使合作伙伴能够更全面地了解企业的运营状况，降低合作风险，增加合作的可行性和稳定性。透明度还有助于建立企业的信誉。公开透明的财务信息，企业表明其采取负责任的经营做法，愿意接受外部的监督和审查。建立在合规和透明基础上的企业信誉，为企业在市场中树立了积极的形象，有助于吸引更多客户、投资者和合作伙伴。遵守法规和会计准则有助于提高企业的经营透明度，为内外部利益相关方提供了可信的财务信息。透明度不仅有助于建立信任关系，还为企业吸引投资和促进合作创造了良好的条件。经营透明度是企业可持续发展和成功的关键因素之一。

4. 建立合规文化提升企业形象

建立合规文化是提升企业形象的重要战略之一。将法规合规融入企业文化，强调守法诚信的价值观，对于增强企业的信誉、降低法律风险以及吸引外部利益相关方都具有积极的影响。合规文化有助于规避法律问题。在企业内部树立守法合规的文化，员工更容易理解并遵守相关法规。这降低了企业因员工不当行为而面临的法律风险，减少了法律责任的可能性。建立合规文化使企业更能够预防潜在的法律问题，确保经营活动在法律框架内进行。合规文化提升了企业在社会和市场中的声誉。外部利益相关方，包括客户、投资者和合作伙伴，更倾向于与守法合规的企业合作。合规文化使企业显得更加可信赖和负责任，有助于建立积极的企业形象。一旦企业在市场中被认为是一个守法合规的组织，将更容易赢得消费者信任，进而促进业务的增长。合规文化有助于员工的道德和职业操守。强调守法诚信的价值观，企业能够塑造员工的道德观念，使其更注重职业操守。员工在守法合规的文化中工作更有成就感和归属感，提高了企业内部的凝聚力和稳定性。建立合规文化是企业社会责任的体现。守法合规不仅符合法规要求，也符合企业在社会中的角色。展示对社会的负责任态度，企业能够在社会中建立良好的声誉，为可持续的发展奠定基础。建立合规文化不仅有助于规避法律风险，还提升了企业在社会和市场中的形象。合规文化使企业更有吸引力，更有竞争力，为企业的可持续成功创造了有利条件。

三、财务会计管理的重要性

(一) 决策基础

财务会计管理作为企业管理的一个重要组成部分，扮演着为管理者提供全面决策基础的关键角色。财务报表和相关的财务分析，管理者能够深入了解企业的经济状况、经营绩效，在制定战略和规划业务发展方面做出明智的决策。财务会计管理经过各种财务报表，如资产负债表、利润表、现金流量表等，向管理者呈现了企业的财务状况。资产负债表展示了企业的资产和负债结构，利润表揭示了企业的盈利能力，现金流量表反映了企业的现金流动状况。这些报表为管理者提供了企业在特定时间内的全面财务快照，是制定决策的基础。财务比率和趋势分析是财务会计管理的重要组成部分，为管理者提供了深入了解企业经济状况的工具。利润率、偿债能力、营运效率等财务比率的分析揭示了企业的盈利能力和财务稳健性。趋势分析则帮助管理者发现财务数据的变化趋势，为长期决策提供了重要线索。这种分析为管理者提供了对企业财务状况更全面、更深入的认识，有助于制定更具前瞻性的战略规划。成本管理与效益分析是财务会计管理中关键的一环，对不同成本项目的结构和分布的详细了解，管理者能够更好地优化成本结构，提高效益。这种分析为管理者提供了在资源分配和成本控制方面的实用信息，为制定战略和规划业务发展提供了有力支持。投资和融资决策是企业长期发展的关键环节。财务会计管理可以分析企业的资本结构、融资成本、投资回报率等方面的数据，为管理者提供了制定最适合企业发展需求的融资方案和选择具有潜在增值的投资项目的基础。财务会计管理可以提供详实的财务信息，支持管理者进行战略规划和风险管理。对市场趋势、竞争环境和行业变化的分析，管理者可以制定适应性强、风险可控的战略计划。对财务风险的识别和评估有助于制定有效的风险管理策略。财务会计管理为管理者提供了全面的企业财务信息，成为制定战略、规划业务发展的坚实决策基础。这些信息不仅为管理者提供了对当前财务状况的了解，也为未来的决策提供了重要的参考和支持。财务会计管理在企业决策制定过程中扮演着不可或缺的角色。

(二) 资源配置

资源配置是企业管理中至关重要的一环，而财务信息的分析在这一过程中扮演了关键的角色。深入剖析财务数据，管理者能够更全面地了解企业各项资源的利用情况，实现资金、人力和物资等资源的合理配置，提高资源利用效率。财务信息的分析有助于管理者了解企业的资金状况。资产负债表和现金流量表等财务报表，管理者可以清晰地了解企业的资产结构、负债水平和现金流动状况。这为管理者提供了关于企业财务健康的全面认识，使其能够更明智地配置资金，确保企业在运营和发展过程中具备足够的资金支持。财务比率和趋势分析提供了对企业盈利能力、偿债能力和运营效率的深入了解。这种深入分析使管理者能够更准确地评估企业的经济状况，有针对性地配置资源。例如，如果利润率较低，管理者可能会采取措施提高盈利能力，以确保有足够的利润用于资源的进一步配置。成本管理与效益分析是资源配置中的重要环节。详细了解各项成本的结构和分布，管理者可以优化成本结构，提高效益。这种分析为管理者提供了在资源配置方面的具体建议，使其能够更精确地决定投资方向、人员编制和物资采购等问题。投资和融资决策也直接涉及到资源的配置。分析企业的资本结构、融资成本和投资回报率，管理者可以确定最适合企业发展需求的融资方案，并选择具有潜在增值的投资项目。这有助于确保企业能够获得足够的资金支持，并将资金用于最具价值的领域。财务信息的分析为管理者提供了关于企业运营效率的信息。详细分析利润表和营运资金等方面的数据，管理者可以评估企业的经营状况，优化业务流程，提高运营效率。这对于资源的有效配置至关重要，帮助企业更好地应对市场变化和竞争压力。财务信息的深入分析为管理者提供了全方位、全面的资源配置信息。理解企业的财务状况、盈利能力和运营效率，管理者能够更科学地制定资源配置策略，实现资源的最大化利用，提高企业的整体效益。财务信息在资源配置过程中扮演了不可或缺的角色。

（三）风险管理

　　财务会计管理在企业运营中发挥着至关重要的作用，其中风险管理是其中一个不可或缺的组成部分。风险管理涉及识别、评估和应对企业可能面临的各种风险，特别是那些与财务相关的风险。采用财务会计管理，企业能够更全面地了解其经济环境，并采取相应的措施来确保稳健经营。财务会计管理有助于识别潜在的财务风险。对企业财务数据的分析，管理层能够准确地识别出可能对企业经营造成负面影响的风险因素。这可能包括市场波动、汇率风险、信用风险等。采用及时的财务报告和分析，企业能够提前发现并理解这些风险，为制定有效的风险管理策略奠定基础。财务会计管理有助于评估风险的严重程度和可能的影响。对财务数据的深入分析，企业能够量化各种风险的潜在影响，更准确地评估风险的严重程度。这种评估为企业提供了制定风险管理计划的依据，使其能够有针对性地应对潜在的财务挑战。在识别和评估风险的基础上，财务会计管理还涉及采取相应的风险管理措施。这可能包括制定财务政策、优化资本结构、购买保险等手段。采用这些措施，企业能够降低财务风险的发生概率，减轻其可能的影响，实现稳健经营。财务会计管理的监控和反馈机制，可以确保企业的风险管理策略的有效性。定期的财务报告和审计可以帮助企业监测风险管理措施的执行情况，并根据实际情况进行调整和优化。这种循环反馈机制有助于企业保持对财务风险的持续关注，及时调整策略以适应不断变化的经济环境。财务会计管理在风险管理中发挥着不可替代的作用。识别、评估和应对各种财务风险，企业能够更加稳健地经营，确保在竞争激烈的市场中保持持续的发展。

（四）利益相关方关系

企业与其利益相关方之间的关系对于企业的长期成功至关重要。透明度和规范的财务信息报告在这一关系中扮演着关键角色，有助于维护和加强企业与股东、投资者、债权人等利益相关方之间的信任，进而建立良好的社会形象。透明度的财务信息报告有助于增强股东信任。股东是企业的重要利益相关方，他们对企业的财务状况和经营绩效非常关注。提供准确、清晰、及时的财务信息，企业展示了对股东的尊重和负责任的态度，建立了透明度和信任的基础。这种信任关系有助于稳定股东投资，促进企业长期的资本支持。规范的财务信息报告对投资者也具有重要意义。投资者在做出投资决策时需要充分了解企业的财务状况和前景。规范的财务报告提供了一种可靠的信息来源，使投资者能够做出明智的投资选择。这有助于吸引更多的投资，促进企业的成长和扩张。对于债权人而言，透明度的财务信息报告提供了对企业偿债能力的清晰认识。债权人关注企业是否有足够的收入和资产来履行债务。透明度的财务信息报告可以帮助债权人更好地评估风险，确保他们的债权得到妥善管理。维护与供应商和客户之间的关系也离不开规范的财务信息报告。透明度有助于建立公正的交易环境，增强供应商和客户对企业的信心。对于供应商而言，了解企业的财务状况可以减轻担忧，促使更好的商业合作。对于客户而言，透明的财务信息有助于建立信任，提高他们与企业的忠诚度。这种透明度和规范的财务信息报告有助于建立企业的良好社会形象。社会责任感和透明度是现代企业成功的重要因素之一。向社会传递真实、可信的财务信息，企业不仅增强了其在市场上的声誉，也为建设社会信任和贡献社会价值奠定了基础。透明度和规范的财务信息报告对于企业与各利益相关方之间的关系至关重要。这种关系的牢固建立有助于企业在竞争激烈的商业环境中取得长期的成功和可持续的发展。

第二节 财务会计管理的目标

一、经济效益目标

经济效益目标是财务会计管理的首要任务，其核心在于确保企业取得良好的经济成果，最大化盈利，提高资产利用效率，为股东和其他利益相关方创造长期价值。在这个过程中，有效的财务规划和控制是关键的工具，它为企业提供了实现经济效益目标的框架和指南。财务会计管理经过规划和控制资金的使用，旨在实现企业的盈利最大化。采用合理的财务规划，企业能够有效配置资金，确保在各项经营活动中获得最大的经济效益。经过财务控制，企业能够监督和管理资金的流动，防范潜在的浪费和滥用，保障盈利水平的稳定和可持续增长。财务会计管理可以进行有效的成本控制，帮助企业提高资产利用效率。成本是企业盈利的直接影响因素，合理控制生产、运营和管理成本，企业能够在市场竞争中保持竞争力。财务会计管理经过对成本的分析和监控，提供了数据支持，帮助企业识别和降低不必要的开支，提高每个资产单元的效益。在实现盈利最大化的财务会计管理也注重资产的合理配置和利用。对资产的全面管理，企业能够确保各类资源的有效利用，提高资产周转率，最大程度地发挥资产的经济效益。这包括对固定资产、流动资产等的合理规划和利用，使其在企业经营中发挥最大的价值。财务会计管理还注重对投资决策的科学分析，确保企业的投资能够实现预期的经济效益。对投资项目的财务评估，企业能够合理选择和配置投资组合，降低投资风险，实现投资回报的最大化。财务会计管理提供了关键的财务指标和分析工具，为企业的投资决策提供了有力的支持。在经济效益目标的实现过程中，财务会计管理还扮演着向股东和其他利益相关方报告企业经济状况的重要角色。透明、准确的财务报告，企业向外界展示其经济效益的实际状况，增强了股东和其他利益相关方对企业的信任，为企业的长期发展奠定了基础。经济效益目标是财务会计管理的核心任务之一。有效的财务规划和控制，企业能够最大化盈利，提高资产利用效率，为股东和其他利益相关方创造长期价值。这不仅有助于企业在竞争激烈的市场中取得优势，也为其可持续发展提供了坚实的财务基础。

二、信息透明度目标

信息透明度目标是财务会计管理的重要方面，旨在确保企业的财务信息对内外部利益相关方都能够准确、清晰地反映企业的财务状况和经营绩效。透明的财务信息是建立信任、吸引投资者，同时为内部管理提供决策支持的基础。透明的财务信息有助于建立信任关系。对外公开透明的财务报表能够提高企业的信誉度，让股东、投资者、债权人等利益相关方更容易理解企业的经济状况。透明度表明企业对信息披露采取开放、真实、诚信的态度，增强了与外部利益相关方之间的信任关系，为企业与各方的合作奠定了坚实的基础。信息透明度目标有助于吸引投资者。投资者在做出投资决策时需要充分了解企业的财务状况和经营状况。透明的财务信息提供了投资者所需的数据，使其能够更准确地评估企业的价值和风险。吸引投资者的同时，也为企业筹集资金提供了更便利的途径，支持企业的发展和扩张。透明的财务信息为内部管理提供了决策支持。企业内部管理团队需要准确的财务数据来进行决策和规划。透明的财务信息能够为管理层提供全面、实时的了解，帮助他们做出明智的经营决策。这包括财务报表、财务指标以及对业务绩效的深入分析，为企业在不断变化的市场环境中做出敏捷的应对。信息透明度目标还有助于企业遵守法规和规范。在许多国家和地区，企业被要求遵守一定的财务报告标准和法规。透明的财务信息能够帮助企业保持合规性，降低法律风险，并确保企业在商业活动中遵循道德和法律规范。信息透明度有助于企业建立良好的企业治理体系。透明的财务信息，企业能够更好地展示其治理结构和运作机制，增强对内外部利益相关方的责任感和透明度。这对于维护企业的声誉和可持续发展至关重要。信息透明度目标是财务会计管理中不可或缺的一环。确保财务报表的准确性和清晰性，企业能够建立信任、吸引投资者，同时为内部管理提供决策支持，为企业的可持续发展创造有利条件。透明的财务信息是企业与外部世界沟通的桥梁，也是企业长期成功的重要基石。

三、合规法规目标

合规法规目标在财务会计管理中具有重要的地位，旨在确保企业在经营活动中遵守相关法规和会计准则，降低法律风险。建立合规性的财务管理体系，企业能够规避潜在的法律问题，保护企业和利益相关方的权益。合规法规目标要求企业遵守国家和地区的法律法规。不同国家和地区有各自的法规和会计准则，企业需要确保其财务报表和会计实践符合当地的法规要求。这不仅有助于规避法律风险，还有助于建立企业在法律框架内的合法性和可信度。合规法规目标强调财务报告的准确性和透明度。企业需要确保其财务报表真实、完整地反映企业的财务状况和经营绩效。透明度的财务报告有助于防范潜在的财务舞弊和不当会计处理，提高财务信息的可靠性，符合会计伦理和法规的要求。合规法规目标还要求企业建立健全的内部控制制度。这包括对财务流程、报告程序以及风险管理的全面规划和管理。建立有效的内部控制，企业能够及时发现和纠正潜在的违规行为，确保财务报表的准确性和合规性。合规法规目标涉及到对关键业务领域的风险管理。企业需要认真评估其业务活动中可能存在的法律风险，并采取相应的措施进行防范。这可能包括合同管理、知识产权保护、税务合规等方面的合规性管理，确保企业在各个方面都符合法规的要求。对于跨国企业而言，合规法规目标也包括遵守国际会计准则和国际商业规范。在全球化的背景下，企业需要面对不同国家和地区的法规要求，建立符合国际标准的财务管理体系，提高企业在国际市场中的竞争力。合规法规目标有助于建立企业的良好声誉。合规性的企业更容易获得政府、客户、投资者和其他利益相关方的信任和尊重。良好的声誉有助于企业在市场中建立竞争优势，推动企业的可持续发展。合规法规目标在财务会计管理中是至关重要的。确保企业遵守相关法规和会计准则，企业能够规避法律风险，保护企业和利益相关方的权益，建立合法性和可信度，为企业的长期发展提供了坚实的法律基础。

四、风险管理目标

风险管理目标是财务会计管理的关键任务之一，旨在有效识别、评估和管理各种风险，包括市场风险、信用风险和操作风险等。对财务数据的监控和分析，企业能够及时发现和应对潜在的风险，确保业务的稳健运营。

风险管理目标要求企业对市场风险进行有效管理。市场风险涉及到市场变动对企业财务状况和经营绩效的不利影响，如汇率波动、利率变动等。财务会计管理对市场风险的监测和分析，制定相应的风险管理策略，包括使用金融工具进行避险、多元化投资组合等手段，以降低市场风险的影响。信用风险是财务会计管理需要重点关注的领域之一。信用风险涉及到企业与客户和供应商之间的信用关系，包括违约风险和付款延误风险。建立有效的信用风险管理体系，企业能够评估客户和供应商的信用状况，采取适当的信用措施，确保交易的安全性和可靠性。在操作层面，风险管理目标强调对操作风险的有效管理。操作风险包括内部流程和系统的错误、人为疏忽、技术故障等，可能对企业的正常经营造成不利影响。建立健全的内部控制制度、规范的业务流程和有效的员工培训，企业能够降低操作风险的概率，及时发现和纠正潜在问题。风险管理目标还要求企业关注战略风险，即与企业战略目标和业务决策相关的风险。对战略风险的认真评估，企业可以在制定战略计划时考虑到各种不确定性因素，制定出更为全面和可行的战略方案。风险管理目标还包括对供应链风险、法律合规风险等方面的管理。对供应链的全面了解和监控，企业能够降低由供应链中断引起的风险。确保企业的业务活动符合法律法规，避免法律合规问题对企业造成的潜在风险。风险管理目标有助于企业建立危机应对机制。制定紧急计划、建立危机管理团队等手段，企业能够更好地应对突发性风险，保障业务的连续性和可持续性。风险管理目标是财务会计管理中的关键任务，对各类风险的全面管理，企业能够降低不确定性，确保业务的稳健运营，为可持续发展提供有力支持。

五、成本控制目标

成本控制目标是财务会计管理中的一个重要方面，其核心在于有效的成本分析和管理，实现企业成本的有效控制，以提高竞争力。合理的成本控制，企业能够优化资源配置，降低生产成本，提高产品或服务的价格竞争力，在市场中取得更有利的地位。成本控制目标要求企业进行全面的成本分析。这包括对各个生产环节和业务活动的成本进行详细分解和计算，以深入了解企业的成本结构。采用成本分析，企业能够识别出主要的成本构成因素，为制定成本控制策略提供基础。成本控制目标强调合理的成本规划和控制。企业需要在制定年度预算和经营计划时，对各项成本进行合理规划，并设定相应的成本控制目标。经过设定可衡量的成本控制指标，企业能够更好地监测和评估成本控制的效果，及时调整经营策略。成本控制还包括对生产过程和运营流程的优化。经过提高生产效率、降低能耗、减少废品率等措施，企业能够在不影响产品或服务质量的前提下降低生产成本，提高生产效益。优化运营流程能够提高企业整体的经济效益，降低运营成本。成本控制目标强调成本与质量之间的平衡。企业在降低成本的同时，必须保证产品或服务的质量。经过投资于研发和质量管理体系，企业能够提高产品或服务的附加值，增加市场竞争力，实现成本和质量的双赢。在供应链管理中，成本控制目标也涉及对供应商和合作伙伴的管理。经过建立合理的供应链合作机制，企业能够降低采购成本、库存成本等相关成本，并确保供应链的稳定运作。成本控制目标有助于企业在市场中更具竞争力。经过降低生产成本和提高经济效益，企业能够灵活调整产品或服务的价格，更好地满足市场需求，增强在市场中的竞争力。成本控制目标是财务会计管理中的一个战略性目标。经过深入的成本分析、合理的规划和控制，企业能够实现成本的有效控制，提高竞争力，为可持续发展创造有利条件。

六、股东价值最大化目标

股东价值最大化目标是财务会计管理的核心目标之一，旨在经过持续盈利、合理的资本结构管理和股利政策，回报股东的投资，提高股东权益价值，促进股东的长期利益。这一目标对于企业的可持续发展和长期成功至关重要。持续盈利是实现股东价值最大化的基础。财务会计管理需要确保企业实施有效的经营策略，实现稳健的盈利水平。经过精确的财务规划和控制，企业能够最大化盈利，为股东创造长期价值。盈利的持续增长不仅提高了企业的市值，也为股东提供了可观的回报。合理的资本结构管理是达成股东价值最大化目标的关键因素之一。企业需要在资本结构中平衡使用债务和股本，以最大限度地提高股东权益的回报。经过优化资本结构，企业可以降低融资成本，提高财务灵活性，增加股东权益的价值。股东价值最大化目标还涉及到科学的股利政策制定。企业需要根据盈利状况、未来投资需求和股东期望，制定合理的股利政策。适度的股利回报既能回报股东的投资，又能为企业留有足够的资金用于未来的发展和投资，实现股东价值的长期增长。企业的战略决策和经营活动也应当以股东利益最大化为导向。财务会计管理需要确保企业的战略规划与股东的期望相一致，同时在经营活动中注重增加企业的市值。这可能包括扩大市场份额、推出创新产品、提高运营效率等方面的努力，以实现股东权益的最大化。股东价值最大化目标要求企业在透明度和治理方面表现出色。透明度的财务报告和有效的企业治理能够增强股东对企业的信任，为企业的长期发展创造有利条件。积极回应股东关切、建立有效的沟通渠道也有助于维护良好的股东关系。股东价值最大化目标是财务会计管理的战略性目标。经过持续盈利、合理的资本结构管理和股利政策，企业能够提高股东权益价值，促进股东的长期利益，为企业的可持续成功奠定坚实基础。

七、社会责任目标

社会责任目标是财务会计管理中的重要任务之一，强调企业在社会和环境方面的可持续经营实践。经过公正透明的财务报告，企业能够展示其履行社会责任的承诺，建立企业的社会声誉，回馈社会，同时满足利益相关方对企业社会责任的期望。财务会计管理需要经过财务报告体现企业的社会责任实践。透明度和公正性的财务报告能够清晰地展示企业在环境、社会、治理等方面的绩效和成就。这包括企业的环保措施、社会慈善活动、员工福利和社区参与等方面的信息，为利益相关方提供了全面了解企业社会责任的途径。社会责任目标要求企业建立健全的社会责任管理体系。经过设立专门的社会责任团队或委员会，企业能够制定和执行社会责任策略，确保企业在社会责任履行方面的长期可持续性。这可能包括制定环境保护计划、推动员工参与社会公益活动、关注供应链的社会责任等方面的工作。财务会计管理还应注重与利益相关方的沟通和合作。经过定期与股东、员工、客户、供应商等利益相关方进行沟通，了解他们对社会责任的期望和关切，建立积极的互动关系。与利益相关方合作，共同推动社会责任的实践，形成共赢的局面。社会责任目标也强调企业的治理和道德标准。良好的公司治理体系能够确保企业在社会责任方面的决策和实践得到有效监督和管理。企业需要遵循道德操守，不仅在法律规定的范围内履行社会责任，更要在道德和伦理标准上超越最低要求。社会责任目标还涉及到企业的可持续发展战略。财务会计管理需要确保企业在实现经济效益的同时，积极考虑社会和环境的可持续性。这可能包括推动绿色经济、降低碳排放、关注员工福祉等方面的可持续经营实践。社会责任目标有助于企业建立良好的企业公民形象。经过展示企业在社会责任方面的积极贡献，企业能够赢得社会的认可和尊重，增强品牌价值，吸引更多的消费者和投资者，为企业的长期成功创造有利条件。社会责任目标是财务会计管理中不可或缺的一环。经过公正透明的财务报告，建立健全的社会责任管理体系，与利益相关方积极合作，企业能够实现社会责任的最大化，为社会可持续发展和企业长期成功作出积极贡献。

第三节　财务会计管理的环节

一、财务规划与预算

　　财务规划与预算是企业管理中至关重要的一环，涵盖了财务目标的设定、经济计划的制定和未来经济活动的预测。这一过程有助于企业有效管理资源，实现可持续的经济增长。财务规划涉及设定清晰的财务目标。企业需要明确自己的长期和短期财务目标，包括盈利水平、资产增值、市场份额等。这些目标应该与企业的整体战略方向相一致，为未来的规划提供明确的方向。财务规划需要对市场趋势和内外部因素进行综合分析。了解市场的发展趋势、竞争状况以及宏观经济因素等，有助于企业更准确地把握机遇和挑战。对内部因素如人力资源、技术水平等进行评估，以确保企业在实施规划时具备必要的资源和能力。在制定财务预算时，企业需要详细规划资金的使用。这包括制定支出预算、投资预算、销售预算等。经过合理的预算分配，企业可以有效控制成本，确保在资源有限的情况下实现最大的经济效益。财务预算也需要对未来的收入进行合理的估计和预测。这包括销售预测、市场份额预测等。经过对市场需求和竞争环境的分析，企业可以更准确地预测未来的收入状况，为财务规划提供可行性的基础。财务规划和预算还需要考虑风险管理。企业应该对可能影响财务目标实现的风险进行评估，并采取相应的风险管理策略。这有助于企业在不确定的环境中更好地应对潜在的风险，确保财务目标的可持续实现。在整个财务规划与预算的过程中，透明度和真实性是关键。财务数据的准确性和公正性有助于建立对内外部利益相关方的信任，为企业的长期发展提供坚实的基础。

二、会计记录与分类

　　会计记录与分类是财务会计管理的基础性环节，对于企业的财务信息准确性和透明度起着至关重要的作用。这一过程涵盖了对各项经济业务的记录、分类和整理，以确保企业的财务报告能够真实地反映经济活动的本质。会计记录是指将企业的各项经济业务以书面或电子形式进行详细的记录。这包括了企业的所有交易、收入、支出、资产和负债等方面的信息。经过对这些信息的准确记录，企业能够建立起一套完整的财务数据档案，为后续的财务管理和决策提供可靠的依据。会计分类是在会计记录的基础上，将不同性质的经济业务划分到相应的会计科目中。会计科目是企业财务报表的基础构成单元，经过科目的设定和分类，能够更清晰地呈现企业的财务状况和经营绩效。常见的会计科目包括资产、负债、所有者权益、收入、费用等。在进行会计记录与分类时，企业需要遵循一定的会计准则和规范，以确保财务信息的一致性和可比性。通常，会计准则会规定财务报表的格式、内容和披露要求，企业应当按照这些规定进行会计处理，以满足法律法规和会计伦理的要求。在资产方面，会计记录与分类涵盖了对各类资产的详细记录，包括现金、应收账款、存货、固定资产等。经过对资产的分类，企业能够清晰了解自身的资产结构，有助于合理配置资金、进行资产管理和评估企业的偿债能力。负债方面，会计记录与分类包括了对各类负债的详细记录，如应付账款、短期借款、长期债务等。经过对负债的分类，企业能够更好地管理债务，合理规划还款计划，确保企业的财务健康。在所有者权益方面，会计记录与分类涉及了对所有者投入、利润分配等方面的详细记录。经过对所有者权益的分类，企业能够清晰了解股东权益的组成和变动，为股东提供准确的投资信息。收入与费用方面，会计记录与分类包括了对企业收入来源和费用支出的详细记录。经过对收入与费用的分类，企业能够准确计量盈亏，为经营决策提供重要的依据。会计记录与分类是财务会计管理的基石，为企业提供了准确、可靠的财务信息，为财务报表的编制和分析奠定了坚实的基础。经过规范的会计处理，企业能够更好地管理和运营，满足内外部对财务信息透明度和真实性的要求，为可持续发展创造有利条件。

三、核算与分析

核算与分析是财务会计管理中的关键环节，它包括对企业财务数据进行详细核算和深入分析，以制定资产负债表、利润表等财务报表。经过这一过程，企业能够全面了解自身的财务状况、盈利能力和偿债能力，为决策提供可靠的信息。核算涉及对企业的各项经济业务进行详细的账务核算。这包括对各类资产、负债、所有者权益、收入和费用等进行清晰的核算，确保财务数据的准确性和完整性。经过严格的核算，企业能够建立起可信赖的财务基础，为后续的财务分析提供可靠的数据支持。分析阶段涉及对核算后的财务数据进行深入分析。这包括制定资产负债表、利润表等财务报表，以清晰地展现企业的财务状况和经营绩效。资产负债表反映了企业在特定时间点的资产、负债和所有者权益的状况，而利润表则反映了企业在一定时期内的经营收入和费用情况。在资产负债表中，企业能够清晰地了解自身的资产结构和负债状况。经过对资产的分类，企业可以评估各类资产的价值和风险，为资产的有效配置提供依据。负债的分类有助于企业了解债务水平和偿债能力，更好地进行融资和还债计划。在利润表中，企业能够详细了解经营活动的盈利能力。经过对收入和费用的分类，企业可以清晰地呈现盈利的来源和去向。这有助于企业识别盈利的主要驱动因素，为制定盈利增长策略提供指导。财务分析也涵盖了一系列的财务比率和指标的计算和解读。这些比率和指标包括流动比率、速动比率、毛利率、净利润率等，用于评估企业的流动性、盈利能力、偿债能力等方面。经过这些指标的分析，企业能够更全面地了解自身的财务状况，并与行业标准、竞争对手进行比较。财务分析还可以包括趋势分析和预测分析。趋势分析经过比较不同期间的财务数据，识别出财务状况和经营绩效的变化趋势。预测分析则基于历史数据和市场趋势，对未来的财务表现进行预测，为企业的长期规划提供参考。核算与分析是财务会计管理中的关键环节，经过对财务数据的深入核算和分析，企业能够全面了解自身的财务状况和经营绩效，为制定决策提供可靠的依据，实现更加稳健和可持续的经营。

四、财务报告与披露

财务报告与披露是财务会计管理的关键环节，经过这一过程，企业向内外部利益相关方传递财务信息，提供真实、准确的财务状况和经营绩效，建立信任关系，满足法律法规的要求。财务报告是企业对外部利益相关方提供的一份详尽的财务信息文件，通常包括资产负债表、利润表、现金流量表等。这些报告呈现了企业在特定时期的财务状况和经营绩效，是投资者、债权人等决策的重要参考依据。财务报告的编制需要符合国际会计准则或国家相关的会计准则，确保报告的透明度和准确性。报告中需要包含清晰的会计政策和会计估计，以便利益相关方更好地理解企业的会计方法和核算原则。财务披露是企业主动向内外部利益相关方公开财务信息的过程。这包括了除财务报告外的其他重要财务信息，如公司治理结构、重大交易、风险管理措施等。经过财务披露，企业能够建立透明度，增强对外部利益相关方的信任。透明度高的财务报告和披露有助于吸引投资者和债权人。投资者通常会仔细研究企业的财务报告，评估其盈利潜力、风险水平和长期价值。准确、清晰的财务信息能够提高投资者对企业的信心，促使其做出更明智的投资决策。对股东而言，财务报告是评估企业经营状况和管理水平的关键工具。股东希望了解企业的盈利能力、资产负债状况以及未来的发展计划。经过及时、准确的财务报告，企业能够建立起良好的股东关系，增强股东对企业的信任感。对债权人而言，财务报告的透明度直接关系到其对企业偿债能力的评估。准确、清晰的财务信息有助于债权人更好地了解企业的偿债能力和还款计划，降低债务风险，提高债券的吸引力。财务报告和披露也对企业的形象和声誉产生影响。透明度高的企业更容易赢得社会的信任，建立起良好的企业形象。这有助于吸引更多的客户、合作伙伴和员工，为企业的可持续发展创造有利条件。财务报告与披露是企业财务会计管理的关键环节，对内外部利益相关方提供真实、准确的财务信息，有助于建立信任关系，促进企业的可持续成功。透明度高的财务报告和披露不仅符合法规要求，也是企业社会责任的一部分，体现了企业对利益相关方负责任的态度。

五、内部控制与审计

内部控制与审计是财务会计管理中保障财务数据可靠性和合规性的重要环节。这一过程旨在建立有效的内部控制机制，经过内部审计评估和改善内部控制体系，确保企业的财务活动符合法规和会计准则，防范潜在风险。内部控制是一套组织措施和政策，旨在保护企业的资产、确保财务信息的准确性和可靠性，以及促进企业的经济效率。内部控制包括对财务报告的制定、资产管理、风险管理、信息技术控制等方面的规定和实施。经过建立健全的内部控制体系，企业能够更好地管理风险，保障财务数据的完整性和可靠性。内部审计是对内部控制机制的独立、客观的评估和监督过程。内部审计部门负责审查企业的财务和经营活动，评估内部控制的有效性，并提出改进建议。审计员经过独立的审计程序和技术手段，发现并纠正潜在的错误、不合规行为和风险，确保企业的经济活动得到有效的管理和监督。内部审计的目标之一是确保企业财务报告的准确性。经过对财务报告的审计，内部审计员能够验证财务信息的真实性，确保其符合会计准则和法规要求。这有助于提高财务报告的透明度和可信度，增强对内外部利益相关方的信任。内部审计还关注企业的风险管理。审计员评估企业的风险管理措施，确保企业能够及时识别和应对各类风险，包括财务风险、市场风险、合规风险等。这有助于提高企业的抗风险能力，保护企业的长期利益。内部审计还对企业的内部流程和程序进行审查，确保其合规性和高效性。审计员关注企业的运营流程，评估其有效性和效率，提出优化建议，以确保企业的资源得到最佳利用，提高整体经营效益。内部控制与审计的有效实施有助于企业的持续发展和可持续成功。它不仅有助于防范潜在风险，提高财务数据的可靠性，还能够满足法规和法律的要求，维护企业的声誉和信誉。经过不断改进内部控制机制和审计程序，企业能够适应不断变化的商业环境，提升整体治理水平，为内外部利益相关方提供更加可靠的财务信息。

六、税务管理

税务管理是财务会计管理中至关重要的一环，它涉及到企业的税务筹划和税务申报，旨在经过合理的税务策略来最大限度地降低税负、提高经济效益，同时确保企业遵守相关税收法规。税务筹划是指企业为降低税负而制定的一系列税收规划和策略。经过合理规划企业的财务活动、资产结构、投资计划等，企业可以有效减少应交税金，提高盈利水平。税务筹划的目标是在合法合规的前提下，最大限度地发挥税收政策的灵活性，实现税负的优化。税务筹划的方式多种多样，包括但不限于选择合适的企业税收制度、合理安排资产折旧、优化企业结构以最小化税负等。企业可以经过在法律框架内调整经营活动，灵活运用税收政策的优惠措施，以达到降低税负的目的。税务申报是企业按照法规要求向税务机关报送的税收信息。在税务申报过程中，企业需要准确地报告其财务状况和经营活动，确保所报数据真实可靠，同时遵守国家的税收法规。及时、准确的税务申报有助于维护企业的信誉，避免潜在的税收风险。税务管理还需要密切关注国家和地方税收政策的变化。税法的不断调整可能对企业的税务情况产生影响，因此企业需要及时了解并适应新的税收政策。对税收政策的敏感性和及时性反应，有助于企业更好地应对税收环境的变化，保持良好的纳税信用。税务合规性也是税务管理中的一个重要方面。企业需要确保其税务申报和缴纳程序的合规性，遵循相关法规和规定，防范潜在的税务风险。建立健全的内部控制机制，保障税务活动的合规性，有助于维护企业的法律地位和声誉。税务管理还需要考虑国际税收环境。对于跨国企业而言，不同国家和地区的税收法规和政策差异较大，因此企业需要合理规划其国际税务筹划，以最大限度地降低整体税负，确保全球范围内的税务合规性。税务管理是财务会计管理中的关键环节，经过税务筹划和税务申报，企业可以在合法合规的前提下最大限度地降低税负，提高经济效益。透明度高、合规性强的税务管理有助于建立企业的良好税收形象，确保企业在税收领域的持续成功。

七、资金管理与投资

资金管理与投资是财务会计管理中至关重要的环节，它涵盖了企业的资金筹集、运用和投资，旨在确保资金的合理运转，最大化资本的利用效率，同时进行明智的投资以获取更好的回报。资金管理涉及到资金的筹集和使用。企业需要有效地进行资金规划，确保在经营活动中有足够的资金支持。这包括对资金的流入和流出进行合理的预测和规划，以应对企业可能面临的短期和长期资金需求。资金管理还包括对资金的合理运用，以提高资本的利用效率。经过优化企业的资产配置和负债结构，确保资金的合理分配，使得企业能够更有效地实现盈利和增值，同时降低财务成本。投资管理涉及到企业对可获得的资金进行合理的投资，以获取更好的回报。投资决策需要综合考虑风险和收益，确保投资项目符合企业的战略目标，并与企业的风险承受能力相匹配。在资金管理与投资中，企业还需要考虑通货膨胀、利率和汇率等因素对资金的影响。经过对宏观经济环境的敏感性分析，企业能够更好地制定资金管理和投资策略，以适应不同的经济情况。资金管理与投资还包括了企业对各种金融工具的运用，如利息率互换、期权、衍生品等。经过灵活运用金融工具，企业可以更好地管理利率风险、汇率风险等，提高资金的操作性和灵活性。对于投资部分，企业需要考虑不同资产类别的投资组合，以实现风险的分散和收益的最大化。这可能涉及股票、债券、房地产等不同资产的配置，以确保企业的投资组合达到最佳的风险收益平衡。资金管理与投资是财务会计管理中的关键环节，经过有效的资金管理和明智的投资决策，企业能够更好地应对经济波动，提高财务稳定性，实现长期可持续的经济增长。透明度高、风险可控的资金管理和投资策略有助于建立企业的信誉，吸引投资者，为企业的发展创造有利条件。

八、风险管理

风险管理是财务会计管理中至关重要的一环，它涉及对各类风险的辨识、评估和控制，包括市场风险、信用风险等。经过科学的风险管理，企业能够降低潜在损失，确保经营的稳健性。风险辨识是风险管理的起点。企业需要全面了解其面临的各类风险，包括但不限于市场风险（如价格波动、市场变化）、信用风险（如客户违约）、操作风险（如内部流程失误、技术故障）等。经过系统的风险辨识过程，企业能够更好地理解其面临的威胁和机会。风险评估是对辨识的风险进行定量或定性的评估。企业需要评估每种风险的可能性和影响程度，以确定其对企业的重要性。经过建立风险矩阵或模型，企业能够对各类风险进行优先级排序，有助于有针对性地制定风险管理策略。风险控制是确保企业能够在面临风险时采取合适的措施，降低风险的发生概率或减轻其影响。这包括建立风险管理政策和流程，设立内部控制机制，确保企业在经营活动中具备对各类风险的有效监控和控制能力。风险管理还需要注重应急计划的制定。在不可避免的情况下，企业需要有应对各类风险的紧急计划，以最小化潜在损失。这可能涉及到资金储备、保险投入、合同条款的设计等方面的应对策略。企业还需要与外部专业机构合作，获取市场研究、风险评估等方面的专业支持。与行业协会、风险管理公司等建立合作关系，有助于获取及时的行业信息和专业建议，提高企业对风险的敏感性和应对能力。风险管理是财务会计管理中的关键环节，经过科学的风险辨识、评估和控制，企业能够更好地应对不确定性，降低潜在的经济和财务损失。透明度高、风险管理有效的企业能够在竞争激烈的市场中更具竞争力，保障经营的稳健性和可持续性。

九、绩效评估与改进

绩效评估与改进是财务会计管理的最后一个环节，它对企业的财务状况和经营绩效进行定期评估，经过总结经验教训，制定改进策略，不断提升财务会计管理水平。绩效评估涉及对企业的财务状况进行全面而深入的审查。这包括对财务报表的分析，评估企业的盈利能力、偿债能力、流动性等方面的绩效指标。经过对各项财务数据的比较和趋势分析，企业能够更好地了解其在市场中的地位，发现潜在问题和机会。绩效评估需要考虑企业的战略目标和计划。企业应对其制定的财务目标进行评估，检查实际绩效与预期目标之间的差距。这有助于发现战略规划中可能存在的问题，并及时调整策略，确保企业朝着可持续的方向发展。绩效评估还需要关注内部控制和流程的有效性。经过对内部控制机制的审查，企业能够发现潜在的风险和问题，制定改进计划，提高财务数据的准确性和可靠性。对业务流程的评估也有助于发现流程优化的空间，提高工作效率。改进策略是绩效评估的自然延伸。在评估的基础上，企业需要制定具体的改进计划，针对性地解决发现的问题和挑战。这可能包括优化财务流程、提高内部沟通效率、加强培训和技能提升等方面的举措。改进策略的制定需要全员参与，形成共识，确保改进计划的有效实施。绩效评估还需要考虑利益相关方的反馈和期望。与股东、投资者、客户等利益相关方保持沟通，了解他们对企业绩效的期望和关切，有助于企业更全面地评估自身在利益相关方眼中的形象，调整经营策略和改进方向。绩效评估与改进是财务会计管理的关键环节，经过定期的审查和改进，企业能够不断提高财务状况和经营绩效，适应市场的变化，保持竞争力。透明度高、反馈及时的绩效评估与改进机制是企业成功的重要保障，有助于实现可持续发展和长期价值创造。

第四节　财务会计管理的环境

一、宏观经济环境

宏观经济环境是财务会计管理中至关重要的一部分，它包括了通货膨胀率、利率、国内生产总值（GDP）等宏观经济指标，这些指标直接影响着企业的盈利能力和财务决策。通货膨胀率是衡量物价水平上涨的指标，对企业的经营活动和财务状况有深远影响。高通货膨胀率可能导致成本上升，影响企业的盈利能力，而低通货膨胀率则可能影响产品或服务的价格竞争力。财务会计管理需要密切关注通货膨胀率的变化，制定相应的成本控制和定价策略。利率是影响资金成本和投资回报的重要因素。利率的波动，企业的借款成本和融资条件也会受到影响。财务会计管理需要灵活应对利率的变化，优化资本结构，选择合适的融资方式，以降低资金成本并提高资金利用效率。国内生产总值（GDP）是衡量一个国家经济总体规模的指标，对企业的市场规模和销售机会有直接影响。当经济增长时，企业通常会面临更多的市场机会，但也可能面临更激烈的竞争。在经济下滑时，企业可能面临销售不足和市场收缩的挑战。财务会计管理需要根据宏观经济环境的变化，调整市场营销策略，灵活应对市场波动。财务会计管理还需要关注其他宏观经济指标，如就业率、汇率等，这些指标也会对企业产生影响。就业率的变化可能影响市场需求和消费能力，而汇率的波动可能对企业的进出口业务和外汇风险管理产生影响。宏观经济环境是财务会计管理的背景，对企业的财务状况和经营决策产生深远的影响。财务会计管理需要经过不断监测和适应宏观经济环境的变化，灵活制定财务战略，以确保企业能够在不同经济情况下稳健经营，实现长期的可持续发展。

二、法规法律环境

法规法律环境对财务会计管理产生深远的影响，因为不同国家和地区的法规要求、会计准则的变化都需要企业及时调整其财务会计管理体系，以确保合规运营，并降低法律风险。财务会计管理需要紧密遵守各种法规和法律要求。这可能涉及到税收法规、财务报告要求、公司治理规定等方面的法规。企业需要保持对法规的敏感性，及时了解法规的更新和变化，确保财务活动符合相关法律规定，避免潜在的法律责任和罚款。不同国家和地区可能采用不同的会计准则，如国际财务报告准则（IFRS）和美国通用会计准则（GAAP）。企业在跨国经营时，需要根据所在地的法规环境调整其财务报告和会计实践，以确保合规性并满足相关审计和报告要求。财务会计管理还需要关注行业特定的法规和标准，例如金融行业、医疗行业等。这些行业可能有特殊的财务报告要求和会计准则，企业需要遵循相关行业法规，确保财务报表的准确性和可靠性。随着法规环境的变化，企业可能需要调整其内部控制机制，以确保符合新的法规要求。内部审计和合规团队在这方面发挥着关键作用，对财务会计管理的合规性进行全面审查，并提出改进建议，确保企业的财务运作不受法规变化的负面影响。财务会计管理还需要注意合同法规定。企业与供应商、客户、员工等签订的合同可能受到法律约束，对合同履行的过程和结果可能产生影响。合同的法律解释和执行也是财务会计管理需要考虑的因素之一。法规法律环境是财务会计管理中不可忽视的因素。企业需要建立敏感的法规监测机制，与专业法务团队合作，及时调整财务会计管理体系，以确保合规运营，降低法律风险，维护企业的声誉和利益。透明度高、合规性强的财务会计管理有助于企业在法规环境中保持稳健经营，实现可持续发展。

三、市场竞争环境

市场竞争环境对企业的盈利水平和市场地位有着直接而深远的影响，财务会计管理需要考虑市场的竞争格局、价格变化、消费者需求等因素，以制定灵活的财务策略，保持竞争力。财务会计管理需要密切关注市场的竞争格局。了解竞争对手的财务状况、市场份额、产品定价等信息，有助于企业制定有针对性的财务战略。经过对竞争格局的深入分析，企业可以找到差异化的竞争优势，提高市场占有率，实现盈利最大化。价格变化是市场竞争中的一个重要因素。企业需要根据市场需求和竞争对手的定价策略，灵活调整产品或服务的价格。财务会计管理需要审慎考虑价格调整对盈利能力和市场份额的影响，确保价格策略与企业的财务目标相一致。财务会计管理还需要关注消费者需求的变化。了解消费者需求的变化趋势，有助于企业调整产品或服务的特点，提高产品的市场吸引力，增加销售额和盈利水平。市场份额的变化也是财务会计管理需要关注的方面。企业的市场份额直接影响其市场地位和收入水平。财务会计管理需要监测市场份额的波动，及时调整市场推广策略和产品定位，以确保企业在竞争激烈的市场中保持竞争力。市场竞争环境中的市场营销费用和促销活动也是财务会计管理需要仔细考虑的方面。企业需要确保投入市场营销的资金产生良好的回报，同时合理控制成本，确保财务稳健。市场竞争环境是财务会计管理中不可忽视的重要因素。企业需要灵活应对市场变化，制定具有竞争力的财务策略，以确保在激烈的市场竞争中取得可持续的优势。透明度高、市场敏感性强的财务会计管理有助于企业更好地适应市场环境的变化，提高经营的灵活性和竞争力。

四、技术创新环境

技术创新环境对财务会计管理的影响确实深刻。数字化技术、大数据分析等的兴起已经改变了财务信息的处理和报告方式，财务会计管理需要不断更新技术工具，以适应快速变化的技术创新环境，提高效率和准确性。数字化技术的应用对财务会计管理带来了巨大的变革。电子化的财务系统和软件使得财务数据的记录、存储和检索更加高效。自动化的财务流程降低了人工错误的风险，提高了数据的准确性。财务会计管理需要及时采用先进的数字化技术，以提高工作效率和财务信息的可靠性。大数据分析的应用也为财务会计管理带来了新的机遇。经过分析大量的财务数据，企业能够发现潜在的业务趋势、风险和机会。财务会计管理需要结合大数据分析工具，深入挖掘财务数据背后的价值，为决策提供更全面的信息支持。财务会计管理还需要关注区块链技术的发展。区块链的去中心化和不可篡改的特性有望提高财务数据的安全性和透明度。在财务交易和报告方面应用区块链技术，有助于防范欺诈行为，提高数据的可信度。人工智能（AI）的应用也在改变财务会计管理的方式。AI 可以用于自动化的数据分析、预测和决策支持，提高财务团队的工作效率。企业需要关注并应用人工智能技术，以提升财务会计管理的智能化水平。财务会计管理在技术创新环境中需要进行不断的培训和更新。团队成员需要具备与时俱进的技术知识，以更好地应用新技术工具，确保财务信息的及时性和准确性。技术创新环境对财务会计管理提出了更高的要求，同时也为财务团队提供了更多的工具和手段。透明度高、技术应用灵活的财务会计管理有助于企业更好地适应技术创新带来的变革，提高工作效率，保持在竞争激烈的商业环境中的领先地位。

五、社会文化环境

社会文化环境对企业的经营产生深远的影响，包括消费者习惯、社会价值观等。这些因素不仅影响着产品销售和企业社会责任履行，也在财务报表中反映出来。财务会计管理需要充分考虑社会文化因素，以更好地满足市场需求。消费者习惯对产品销售和定价产生直接影响。社会文化因素如消费者的购买偏好、生活方式等，会影响产品或服务的需求量和类型。财务会计管理需要经过市场调研等手段，深入了解消费者的习惯，调整产品或服务的供给，以提高销售额和满足市场需求。社会价值观对企业的社会责任履行有着重要的影响。现代消费者越来越关注企业的社会责任，对环保、社会公益等方面的关注日益增加。财务会计管理需要在财务报表中充分体现企业的社会责任履行，这可能包括环保投资、慈善捐赠等方面的支出。财务会计管理还需要考虑文化差异对跨国企业的影响。在国际化经营中，企业可能面临不同国家和地区的文化差异，包括商业习惯、法规要求等。财务会计管理需要根据具体的文化背景，调整会计政策和报告方式，以确保合规运营和满足当地市场的需求。社会文化环境也影响着员工的工作态度和企业内部文化。员工的工作态度和价值观直接关系到企业的绩效和效益。财务会计管理需要经过适当的激励措施和企业文化建设，提高员工的工作积极性，对企业的财务状况产生积极影响。社会文化环境是财务会计管理中不可忽视的重要因素。财务会计管理需要在财务决策和报表编制中全面考虑社会文化因素，以更好地适应市场变化，提高企业的市场竞争力。透明度高、注重社会责任的财务会计管理有助于企业在社会文化环境中取得持续的商业成功。

六、环境可持续性

环境可持续性是当今企业面临的重要议题，对企业的经营和财务会计管理提出了新的挑战。企业需要考虑环保法规、社会对可持续经营的期望等因素，而财务会计管理则需要在报表中充分披露企业的环境责任，以满足社会的可持续发展期望。企业需要关注环保法规对经营活动的影响。各国和地区制定了一系列环保法规,要求企业在生产和运营中遵守环境保护标准。这可能涉及到废物处理、排放控制、资源利用等方面的要求。财务会计管理需要将符合环保法规的环境投入和支出充分体现在财务报表中,以确保企业的合规性。社会对企业的环境责任提出了更高的期望。现代消费者更加关注企业的环保行为,对环保产品和服务有着更高的偏好。财务会计管理需要在财务报表中披露企业的环保举措,如可持续生产实践、绿色供应链管理等,以增强企业的社会责任形象,满足消费者的期望。财务报表中的环境责任披露还包括企业的碳足迹、能源使用效率等方面的信息。这些披露有助于评估企业对环境的影响,为投资者、股东和其他利益相关方提供全面的企业可持续性信息。透明度高的环境责任披露有助于建立企业的信任和声誉,推动企业更加积极地履行环保责任。企业还需要考虑在可持续经营中的投资和成本。例如,投资于可再生能源、提升能效的项目可能带来初期的成本,但在长期内有望实现环境和经济的双赢。财务会计管理需要准确反映这些投资的成本和效益,为企业的可持续经营提供财务支持。环境可持续性已经成为企业不可忽视的经营战略和财务会计管理的一部分。透明度高、符合环保法规、满足社会期望的财务报表有助于企业在可持续性方面取得商业成功,促进社会的可持续发展。

这些环境因素共同构成了财务会计管理的外部背景,企业需要灵活应对这些变化,以保持财务健康和可持续经营。

第二章　新经济视野下的企业财务观察

第一节　新经济改变世界也在改变财务

一、数字化转型的冲击

新经济的兴起带来了数字化转型的浪潮，对传统财务会计管理提出了新的挑战和机遇。企业需要适应数字化技术的发展，采用先进的财务信息系统，以提高数据处理效率和财务决策的准确性。

（一）技术基础设施的更新

新经济的数字化浪潮确实推动了企业技术基础设施的更新。传统的簿记和财务报告手段在数字化时代被更先进的数字化财务系统所取代。这意味着企业需要投资于先进的软硬件技术，以确保高效的数据管理和处理。企业采用数字化财务系统可以提高数据的准确性和实时性。传统的手工簿记容易出现错误，并且需要较长的时间来完成。而数字化财务系统经过自动化数据录入和处理，降低了人为错误的风险，同时使得财务数据能够更迅速地生成和更新，为决策提供更及时的支持。新技术的应用也使得财务报告更加透明和可追溯。数字化财务系统能够提供详细的财务信息，使管理层能够更全面地了解企业的财务状况和经营绩效。这有助于制定更准确的战略决策，并为股东和其他利益相关方提供更清晰的财务报告。投资于技术更新还可以提高工作效率。数字化财务系统可以自动执行繁琐的财务任务，如账务处理、报表生成等，释放财务团队的时间，使其能够更专注于战略规划和分析工作。这有助于提高整体的业务运作效率。云计算使得企业无需依赖于本地服务器，能够更灵活地扩展和调整其技术基础设施，适应业务的变化和扩张。然而，技术更新也需要企业面临一定的挑战，包括高昂的初期投资、员工培训成本以及数字化转型带来的组织变革。企业在进行技术基础设施更新时需要综合考虑成本和效益，并制定合理的实施计划。技术基础设施的更新是适应新经济环境、提高财务管理效能的必要举措。经过投资于先进的数字化技术，企业能够更好地适应市场的变化，提高工作效率，确保财务信息的准确性和透明度。

(二) 数据驱动的决策制定

数字化转型确实使企业能够更全面、实时地收集和分析财务数据，实现数据驱动的决策制定。这种决策制定方式有助于管理层更好地理解企业状况，及时调整战略，做出更明智的财务决策，提高经营的敏捷性和适应性。数据驱动的决策制定能够提供更全面的业务洞察。经过数字化财务系统，企业能够收集大量的财务数据，并经过数据分析工具进行深入挖掘。管理层可以更全面地了解企业的盈利状况、成本结构、市场份额等关键指标，做出基于客观数据的决策。实时的财务数据分析使得管理层能够更迅速地响应市场变化。在数字化时代，信息传递的速度非常快，市场环境也变得更加动态。经过及时分析财务数据，管理层可以迅速察觉市场的变化，并灵活调整企业战略，以适应新的市场条件，提高企业的经营敏捷性。数字化的决策制定还有助于降低决策的不确定性。经过基于数据的分析，管理层能够更好地评估各种决策对企业的影响，并预测可能的结果。这有助于减少决策的风险，使管理层更有信心地做出决策，提高企业的适应性。数字化转型还提供了更好的决策支持工具。现代的财务系统和数据分析工具能够生成各种图表、报表，直观地展示财务状况和业务趋势。这些工具使得管理层能够更容易地理解财务数据，做出更具判断力的决策。然而，要实现有效的数据驱动决策，企业需要投资于培训员工，确保他们具备足够的数据分析和解读能力。数据的质量和安全性也是关键因素，企业需要采取措施确保财务数据的准确性和保密性。数据驱动的决策制定是数字化时代企业财务管理的一个重要趋势。经过充分利用数字化技术和财务数据分析工具，企业能够更全面、实时地了解企业状况，做出更明智、基于数据的决策，提高企业的经营敏捷性和适应性。

(三) 智能化财务分析

智能化财务分析确实是数字化技术为企业带来的重要变革之一。自动化的财务分析工具经过利用先进的算法和数据处理技术，能够快速准确地生成报表、趋势分析和预测模型，为企业提供更迅速、准确的财务信息，帮助管理层更好地发现问题、制定解决方案，提高财务报告的准确性和可靠性。智能化财务分析提高了分析的速度和效率。传统的手工财务分析可能需要大量的时间和人力，而智能化工具能够在短时间内完成复杂的数据分析，提供即时的财务报告。这有助于管理层更及时地了解企业状况，做出迅速的决策。自动化的财务分析工具可以减少人为错误。在手工分析中，由于繁琐的数据处理和计算，很容易出现错误。智能化工具经过算法和自动化流程，降低了这些潜在的错误，提高了财务分析的准确性。智能化财务分析还能够进行更深入的数据挖掘和模型建立。经过机器学习和数据挖掘技术，财务分析工具能够识别潜在的趋势、模式和关联性，帮助企业更好地理解市场动态和业务运营情况，更科学地制定战略和决策。智能化财务分析工具还能够进行预测性分析。经过历史数据和趋势分析，这些工具能够预测未来的财务状况和业务发展趋势。这有助于企业提前识别潜在的风险和机会，制定更有针对性的战略。尽管智能化财务分析带来了诸多优势，企业在采用这些工具时仍需谨慎。确保数据的质量和准确性，定期更新模型，以适应不断变化的市场环境，是保障智能化财务分析有效性的关键步骤。智能化财务分析是数字化时代企业财务管理中的一项重要趋势。经过充分利用先进的技术，企业能够更快速、准确地进行财务分析，提高决策的科学性和战略的针对性，进一步推动企业的数字化转型。

（四）网络安全和隐私保护挑战

网络安全和隐私保护确实是数字化时代企业面临的重要挑战之一。强化网络安全措施是保护数字化财务信息的首要任务。企业需要采用先进的网络安全技术，包括防火墙、入侵检测系统、加密技术等，以保障数字化财务信息在存储和传输过程中的安全性。网络安全的不足可能导致信息泄露、数据被篡改或恶意攻击，给企业带来严重的经济和声誉损失。合规性是数字化财务管理中的重要考量因素。企业需要遵循国家和地区的法规要求，尤其是涉及客户隐私和个人数据保护的法规。例如，欧洲的通用数据保护条例（GDPR）要求企业在处理个人数据时采取严格的保护措施。确保数字化财务信息的合规性，可以避免潜在的法律责任和罚款。加强员工培训和意识是保障网络安全和隐私保护的关键。员工通常是网络安全漏洞的一个重要因素。经过培训员工，提高他们对网络安全和隐私保护的意识，使其能够正确使用数字化财务系统，采取正确的安全措施，减少内部威胁的风险。定期的安全审计和风险评估也是确保数字化财务信息安全的有效手段。经过对网络系统的定期检查和评估，企业能够及时发现潜在的安全漏洞，并采取措施进行修复和改进。企业可以考虑采用区块链等新兴技术来提升数字化财务信息的安全性和透明度。区块链技术经过去中心化的特点和不可篡改的账本，可以有效防止数据的篡改和欺诈，提高数字化财务信息的可信度。网络安全和隐私保护是数字化财务管理不可忽视的重要方面。经过综合采取技术、法规遵从、员工培训等多层次的安全措施，企业可以更好地保护数字化财务信息，确保数字化财务管理的可信度、安全性和合规性。数字化转型为财务会计管理带来了许多积极的变革，但企业也需要谨慎应对与数字化相关的挑战，以充分发挥数字化技术在提高效率和决策水平方面的优势。

二、大数据对决策的影响

新经济时代，大数据分析成为财务会计管理的重要工具。经过对海量数据的分析，企业能够更好地理解市场趋势、客户需求，制定更精准的财务战略和决策，提高企业的竞争力。

（一）全面的市场趋势分析

大数据分析在财务会计管理中的应用为企业提供了全面的市场趋势分析能力，进一步提升了企业对市场的洞察力和决策水平。大数据分析使得企业能够深入了解消费者行为。经过收集和分析大量的消费者数据，企业可以揭示消费者的购买习惯、偏好和趋势。这种深度了解有助于企业更好地调整产品定位、定价策略以及市场推广活动，提高产品和服务的市场竞争力。大数据分析为企业提供了对竞争对手的全面了解。经过监测竞争对手的市场活动、价格调整、产品创新等方面的数据，企业能够更好地制定自己的竞争策略。这种实时的竞争对手分析有助于企业及时调整市场定位，保持竞争优势。大数据分析能够捕捉行业变化和趋势。经过分析行业相关数据，企业可以预测未来的发展方向、新兴市场和潜在风险。这种前瞻性的分析有助于企业在市场变化中保持灵活性，及时调整战略，抢占先机。大数据分析还可以识别市场的微观趋势。经过对社交媒体、在线评论等数据的监测和分析，企业可以了解消费者的实时反馈和情感倾向，更好地满足市场需求，改进产品和服务。在财务会计管理中，经过将市场趋势分析与财务数据结合，企业能够更准确地预测销售收入、控制成本，并制定更具前瞻性的财务规划。这有助于企业在不断变化的市场环境中保持财务稳健性，降低经营风险。然而，要实现全面的市场趋势分析，企业需要建立先进的大数据分析平台，培养专业的数据分析团队，并确保数据的质量和安全性。企业需要密切关注法规和道德规范，保护消费者隐私，合法合规地进行数据分析。大数据分析为财务会计管理提供了强大的市场趋势分析工具。经过充分利用大数据的潜力，企业能够更全面地了解市场动态，制定更科学的财务战略，提高经营的灵活性和适应性。

（二）客户需求的精准预测

大数据分析在客户需求的精准预测方面发挥了重要作用，为企业提供了更深入的洞察，使其能够更准确地满足客户的期望和需求。经过分析客户行为数据，企业可以了解客户的购买历史、偏好和习惯。这种深度的客户行为分析有助于企业发现隐藏在数据背后的模式，预测客户未来的购买趋势。例如，经过分析哪些产品经常一同购买，企业可以推断客户的潜在需求，进而优化产品组合。大数据分析使企业能够更好地理解客户的实时反馈。经过监测社交媒体、在线评论和客户服务互动等渠道，企业可以快速获取客户对产品和服务的评价，了解客户的期望和不满之处。这有助于及时调整产品特性、改进服务质量，提高客户满意度。大数据分析可以经过预测市场趋势来更准确地洞察客户未来的需求。经过分析整个市场的大数据，企业可以了解新兴趋势、热门产品和服务，及时调整自己的产品和服务策略，满足市场需求。机器学习和人工智能技术的应用使得客户需求预测更为精准。经过建立预测模型，企业可以根据客户历史行为、个性化的推荐系统等因素，预测客户可能感兴趣的产品或服务，提供个性化的购物体验。在财务会计管理中，准确预测客户需求有助于企业更好地进行库存管理、生产计划和供应链优化。这些方面的精准预测有助于避免过剩或不足的库存，提高资金利用效率，降低存储和运输成本。然而，要实现客户需求的精准预测，企业需要建立强大的数据基础设施，确保数据的质量和安全性。隐私保护也是关键的考虑因素，企业需要合法合规地处理客户数据，保护客户隐私。大数据分析为企业提供了预测客户需求的强大工具，经过深入了解客户行为和市场趋势，企业可以更准确地满足客户需求，提高客户满意度，增强市场竞争力。

（三）实时决策支持

实时决策支持是大数据分析在财务会计管理中的一项重要优势，为企业提供了即时获取、分析和应用财务数据的能力，使管理层能够更迅速、更准确地做出决策。大数据分析使得企业能够实时监控财务状况。经过集成各个财务系统和数据源，企业可以在任何时候获取实时的财务数据，包括收入、支出、利润等关键指标。这为管理层提供了对企业财务状况的即时了解，有助于及时发现问题并采取相应措施。实时决策支持使管理层能够更及时地做出战略性决策。在面对市场变化、竞争压力或其他外部因素时，管理层可以经过实时分析财务数据来调整战略方向，优化资源配置，迅速应对市场动态。大数据分析为企业提供了实时的业务智能和预测分析。经过使用机器学习算法和实时数据处理技术，企业可以实时预测未来的趋势和市场动向，为管理层提供更全面、准确的决策支持。这有助于提前洞察市场机会和潜在风险，使决策更具前瞻性。实时决策支持有助于企业更灵活地应对日常经营挑战。例如，在销售活动中，企业可以经过实时数据了解产品销售情况，根据需求调整库存和定价策略。这种实时反馈和调整能力有助于最大程度地满足市场需求，提高销售效率。在财务会计管理中，实时决策支持还有助于优化财务规划和预算控制。管理层可以根据实时数据调整预算分配，及时发现成本超支或盈利机会，确保企业的财务活动与实际情况保持一致。然而，要实现实时决策支持，企业需要投资于先进的实时数据分析工具和技术，确保数据的准确性和完整性。培养具有实时数据分析能力的人才也是至关重要的。实时决策支持经过大数据分析为企业提供了敏捷性和应变能力，使管理层能够更迅速、更准确地做出决策，应对市场的快速变化和复杂性。

（四）风险管理和机会发现

大数据分析在风险管理和机会发现方面发挥了关键作用，为企业提供了更全面、深入的洞察，帮助其有效应对潜在风险并把握新的商机。大数据分析可以帮助企业识别潜在的财务和市场风险。经过分析大量的财务数据、市场趋势和行业动态，企业可以发现潜在的风险因素，如市场波动、供应链问题、汇率变动等。这种早期的风险识别有助于企业采取及时的风险管理策略，减轻可能的负面影响。大数据分析可以提供更准确的风险评估和预测。经过利用机器学习算法和实时数据分析技术，企业可以建立更精细化的风险模型，更好地量化潜在的风险影响。这有助于企业制定更有针对性的风险管理计划，更好地应对不断变化的市场环境。大数据分析有助于发现新的商机。经过深入分析市场数据和客户行为，企业可以发现新兴趋势、消费者需求的变化以及市场空白点。这种商机的发现有助于企业更灵活地调整战略，推出创新产品或服务，抢占市场先机。大数据分析可以帮助企业更好地理解竞争对手的策略和市场地位，预测竞争性风险。经过对竞争对手的数据进行分析，企业可以发现竞争对手的优势和弱点，制定更有效的竞争策略，规避潜在的市场竞争风险。在财务会计管理中，大数据分析还可以帮助企业优化资产组合，降低投资风险。经过对市场和资产数据的综合分析，企业可以更好地调整投资组合，选择风险适度的投资项目，提高资产的长期价值。大数据分析为企业提供了强大的风险管理和机会发现工具。经过及时识别潜在风险、精细化风险评估以及发现新的商机，企业能够更好地应对市场变化，提高经营的灵活性和适应性。大数据分析的应用使得企业能够更加精细化地理解和应对市场，为财务会计管理提供了更为智能、敏捷和可持续的决策支持。这种数据驱动的决策模式有助于企业在新经济时代更好地应对市场挑战。

三、金融科技的崛起

金融科技的崛起改变了传统的金融业务模式，也深刻影响了财务会计管理。企业需要应对支付技术的变革、区块链的应用等新兴金融科技，以确保财务交易的安全性和高效性。

（一）支付技术的变革

支付技术的变革是财务会计管理领域不可忽视的趋势。移动支付的普及改变了交易方式。经过手机支付、移动钱包等方式，消费者能够更便捷地完成支付。企业需要调整财务系统，确保能够顺利集成和支持各种移动支付方式，保障交易的实时性和准确性。电子支付的普及加速了财务交易的数字化。传统的纸质票据逐渐被电子发票、电子账单等替代，使财务记录更加便捷和高效。企业需要采用先进的电子支付和结算系统，确保财务数据的准确性和安全性，同时满足法规要求。虚拟货币的兴起引发了对新型资产管理和财务报告的需求。企业在财务会计管理中需要考虑如何合规记录和处理虚拟货币的交易，同时审慎管理与虚拟货币相关的风险，确保企业财务的稳健性。

区块链的去中心化和安全性特点可以改善支付系统的透明度和可追溯性，为企业提供更可靠的财务数据。在财务会计管理中，适应新型支付技术的变革不仅要求企业更新技术基础设施，还需要培训财务团队以适应新的支付和结算方式。加强与金融科技公司的合作，积极参与新型支付生态系统的建设，将有助于企业更好地把握支付技术的变革趋势，提升财务管理的效能。支付技术的变革是一个不可逆转的趋势，企业需要积极应对，借助新技术手段提升财务会计管理的效率和安全性。这也为企业提供了更广阔的业务拓展和创新空间。

（二）区块链技术的应用

区块链技术的应用对财务会计管理带来了革命性的改变，其去中心化和不可篡改的特性为财务交易提供了更高的透明度和安全性。企业在应用区块链技术时需要考虑如何整合这一技术，以改善财务交易的效率和可信度。区块链技术可以提高财务交易的透明度。由于区块链的去中心化特性，所有参与方都可以共享同一份完整的财务交易记录，确保数据的一致性和透明度。这有助于减少信息不对称，提高企业内外部各方对财务数据的信任度。区块链技术的不可篡改性保障了财务交易数据的安全性。每个区块都包含前一区块的信息，形成链式结构，任何人想要篡改一个区块的信息，都需要同时修改所有后续区块，这是极其困难且几乎不可能的。这样的安全性特性有助于防止欺诈行为和数据篡改，确保财务数据的完整性。区块链技术可以提高交易的效率。传统的财务交易可能需要多个中介机构和复杂的结算流程，而区块链技术的智能合约可以自动执行交易条件，简化结算过程，减少交易的时间和成本。这对企业来说是提高运营效率和降低成本的重要机遇。区块链技术还能够改善供应链金融和资金流动性管理。经过区块链的分布式账本，企业能够实时追踪和验证供应链中的交易，提高资金流动性管理的准确性和实时性。在财务会计管理中，企业应该谨慎考虑如何整合区块链技术。需要评估企业的具体需求和业务场景，确定区块链技术的应用范围。建立合适的区块链架构和基础设施，确保系统的稳定性和安全性。培训团队成员，提高员工对区块链技术的理解和应用能力。区块链技术的应用为财务会计管理提供了前所未有的机遇，但企业需要谨慎规划和实施，确保在整合区块链技术的过程中取得最大的效益。

（三）智能合约的崭新应用

智能合约技术在金融科技中的应用为财务会计管理提供了全新的应用场景，经过自动执行合同条款，简化财务交易流程，降低人为错误和欺诈风险。企业在整合智能合约技术时需要深入研究，以提升财务合同的效率和透明度。智能合约可以自动执行财务交易。在传统合同中，财务交易通常需要多个步骤和中介参与，增加了交易的时间和成本。而经过智能合约，财务交易的条件和执行过程可以被编码和自动化，使得交易的执行更加高效、迅速。这有助于提升企业的运营效率，降低财务交易的处理时间。智能合约可以提高财务合同的透明度。由于智能合约的执行过程被记录在区块链等分布式账本上，所有参与方都可以访问和验证交易的信息，确保了财务数据的一致性和可追溯性。这有助于降低信息不对称，提高各方对财务合同的信任度。智能合约可以减少欺诈风险。由于智能合约的执行是自动的且不可篡改的，减少了人为干预的机会，防范了潜在的欺诈行为。这对企业来说是保障财务交易安全性和合法性的重要手段。智能合约还可以改善财务合同的执行和管理过程。经过智能合约，企业可以实现合同的自动化管理，包括合同的创建、执行、监控和终止。这有助于降低合同管理的复杂性，提高合同执行的效率。在整合智能合约技术时，企业需要考虑选择合适的区块链平台和智能合约编程语言。建立适应性强的智能合约架构和基础设施也是必要的。培训团队成员，提高员工对智能合约技术的理解和应用能力也是至关重要的。智能合约技术的应用为财务会计管理带来了诸多优势，包括自动执行、透明度提升、欺诈风险降低等。企业在整合这一技术时需要谨慎规划，确保在提升财务合同效率和透明度的同时保障安全性和合规性。

（四）人工智能在风险管理中的应用：

人工智能在风险管理中的应用为企业提供了更为精准和高效的工具，尤其在金融科技领域，其作用尤为显著。经过人工智能技术分析大数据，企业能够更全面地识别潜在的财务风险，并及时制定相应的风险应对策略，提高财务管理的稳健性。人工智能能够实现更精准的风险识别。经过分析大规模的财务数据和市场信息，人工智能可以识别潜在的风险因素，包括市场波动、信用风险、操作风险等。与传统方法相比，人工智能可以更迅速、全面地发现潜在风险，为企业提供更为准确的风险评估。人工智能技术可以实现实时监测和预测风险。经过建立预测模型和算法，人工智能可以在实时基础上监测财务数据的变化，并预测可能的风险事件。这使得企业能够更迅速地做出反应，及时制定风险管理措施，降低潜在损失。人工智能在欺诈检测方面发挥着重要作用。经过机器学习算法，人工智能可以分析大量的交易数据，识别异常模式和不寻常的行为，及时发现欺诈行为。这对于降低信用风险、提高交易安全性具有重要意义。人工智能还可以优化风险管理策略。经过分析历史数据和实时信息，人工智能可以提供更为智能化的风险管理建议，帮助企业制定更合理的风险规避和防范策略。这有助于企业在面对多变的市场环境时更灵活地应对各种风险。在应用人工智能技术时，企业需要考虑建立强大的数据基础和合适的算法模型，确保人工智能系统具有足够的智能化和准确性。培训团队成员，提高员工对人工智能技术的理解和应用水平也是必要的。人工智能在风险管理中的应用为企业提供了强大的工具，可以更好地识别、监测和应对各类财务风险，提高财务管理的稳健性和效率。金融科技的崛起为企业带来了更多的选择和创新，但也要求企业在财务会计管理中加强技术应用，以适应快速变化的金融科技环境，提高财务交易的效率和安全性。

四、创新性财务模型的出现

新经济催生了更多创新性的财务模型。例如，共享经济的兴起导致了新的收入和成本计算方式，企业需要灵活调整财务管理模式，以适应这些新型业务模式的财务需求。

（一）共享经济对收入模型的挑战

共享经济对传统的收入模型提出了一系列挑战，需要企业创新财务模型以适应新型的收入计算方式。其中，按需付费和分成模式是共享经济中常见的收入模型。按需付费模式要求企业根据用户实际使用的服务或产品收费。这种模式下，传统的一次性销售模型可能不再适用。企业需要建立灵活的计费系统，能够根据实际使用情况进行精确计费。需要注意用户付费意愿的波动性，以及如何在竞争激烈的市场中制定合理的价格策略。分成模式是共享经济中常见的合作方式，其中平台和提供服务的个体或企业按照一定比例分享收入。这对财务模型提出了新的挑战，需要建立清晰的分成计算规则和系统，确保各方的权益得到合理分配。要考虑到激励机制，以促使服务提供者提供更优质的服务，提高整体业务质量。共享经济中的多元化收入来源也需要企业建立多维度的财务模型。例如，共享经济平台可能经过广告、会员费、数据销售等多个渠道获取收入，这需要细致的财务管理，确保各个来源的收入都能够被准确核算。在应对共享经济的收入挑战时，企业还需要关注法规和合规性。由于共享经济的发展较为迅速，相关法规可能相对滞后，因此企业需要密切关注法规的变化，确保财务模型符合当地法规和税收政策。共享经济对收入模型提出了灵活性和创新性的要求。企业需要不断调整和优化财务模型，以适应共享经济的发展趋势，确保在新的商业模式下能够有效运营并保持财务健康。

（二）新型成本计算方式的应用

共享经济和其他新型业务模式通常伴随着新型成本结构。企业需要创新财务模型以更好地计算和控制这些新型成本，包括共享资源的管理、服务成本的变化等，以确保财务数据的准确性和透明度。共享资源的管理成本需要被充分考虑。在共享经济中，企业可能共享物理或数字资源，如共享办公空间、共享车辆、云服务等。对于这些共享资源，企业需要建立有效的成本分摊机制，确保各个业务单元或用户按照实际使用程度分担相应成本，实现公平的成本分配。服务成本的变化需要被纳入财务模型。在共享经济中，服务提供商可能面临需求波动大、服务质量对业绩的敏感等特点。企业需要灵活的财务模型，能够快速响应服务成本的变化，确保在高需求时能够保持良好的服务质量，同时在低需求时控制成本。新型成本计算方式可能包括平台运营的相关费用。共享经济平台通常需要投入大量资源用于技术维护、用户支持、市场推广等方面，这些成本需要被合理计算并纳入财务模型，以确保平台的可持续运营。对于新型成本计算方式的应用，企业还需要考虑技术投资和数字化转型的成本。共享经济和新型业务模式通常依赖于先进的技术和数字平台，企业需要投入资金用于技术更新、系统升级等，以确保能够应对不断变化的市场需求。在实际应用中，企业需要建立灵活而透明的成本计算系统，及时调整财务模型以适应业务模式的变化。紧密关注市场和行业趋势，不断优化成本计算方式，以提高财务管理的效率和准确性。

（三）弹性财务管理策略的制定

在新经济环境下，业务模式的灵活性对企业提出了新的挑战，同时也为创新财务管理策略提供了机遇。弹性的财务模型成为确保企业适应业务波动和变化的重要手段，弹性财务管理需要企业在预算和投资方面展现灵活性。传统的固定预算模型可能无法适应市场需求的迅速变化，因此企业需要实施动态预算，能够根据实际业务情况进行调整。投资策略也需要根据市场的反馈和需求变化进行灵活调整，确保投资的有效性和盈利性。资源配置的灵活性是弹性财务管理的核心。企业需要建立一套灵活的资源分配机制，能够根据业务需要随时调整人力、技术和资金的分配。这包括了对内部资源的灵活利用，以及对外部资源的灵活获取，例如与外部合作伙伴建立灵活的供应链关系。在实践中，弹性财务管理策略还要求企业重视成本敏感性和效率提升。经过不断提高业务效率、优化流程和采用先进的技术，企业可以更好地控制成本，保持在不同市场条件下的经济效益。风险管理和应急计划也是弹性财务管理策略的关键组成部分。企业需要建立有效的风险管理机制，经过预测潜在风险并制定相应的风险应对计划，保障在市场波动和突发情况下能够迅速做出反应。数据驱动的决策在弹性财务管理中具有重要地位。经过实时收集、分析和应用财务数据，企业能够更准确地了解市场的变化，制定及时的决策，提升企业的敏捷性和适应性。企业需要不断优化合作与伙伴关系，建立灵活的合作模式。与其他企业或机构建立战略性伙伴关系，能够在需要时共享资源、降低成本，并在市场波动时共同应对挑战。弹性财务管理策略的制定需要企业具备对市场和行业的深刻理解，以及对业务运营和财务管理的敏锐洞察力。这样的策略可以使企业更好地适应不断变化的商业环境，确保财务的健康和可持续性。弹性财务管理不仅是应对新经济挑战的需要，更是推动企业创新和发展的关键战略。

（四）数据驱动的财务决策

创新性财务模型强调数据驱动的决策。企业需要整合大数据分析和先进技术，以构建更智能、敏捷的财务模型。这有助于更精确地预测业务需求、优化资源配置，提高财务决策的效率和准确性。大数据分析为企业提供了更全面、实时的市场信息。经过收集和分析大规模的市场数据，企业能够深入了解消费者行为、竞争对手动态以及行业变化。这种全面的市场趋势分析能力使企业能够更准确地预测业务需求，把握市场机会。数据驱动的财务决策有助于优化资源配置。经过深入分析财务和业务数据，企业可以更好地了解资金流向、成本结构和盈利能力。这种深度分析为企业提供了优化资源配置的见解，使其能够在不同领域实现最佳资本利用效率。在实践中，数据驱动的财务决策还包括对财务报表和预测模型的智能化处理。自动化的财务分析工具能够快速准确地生成报表、趋势分析和预测模型，减少人工错误，提高财务报告的准确性和可靠性。数据驱动的财务决策也强调实时性。经过及时收集和分析财务数据，企业能够在市场发生变化时做出迅速而准确的决策。这种实时性的决策支持有助于企业更好地应对市场的快速变化和复杂性。数据驱动的财务决策也为企业提供了更好的风险管理工具。经过对大数据的监控和分析，企业可以识别潜在的风险，并及时制定相应的风险应对策略。这有助于提高财务管理的稳健性，降低潜在损失。数据驱动的财务决策是创新性财务模型的关键特征。它不仅使企业能够更好地理解市场和业务，还提高了财务决策的效率、准确性和灵活性。经过整合大数据分析和先进技术，企业能够更好地应对新经济的挑战，实现财务管理的创新和升级。创新性财务模型的出现要求企业不断更新和调整其财务管理方法，以适应新经济环境中不断变化的业务模式和需求。这种创新性的财务管理模式有助于企业更好地把握商机，提高经营的灵活性和可持续性。

五、可持续发展的强调

新经济注重可持续发展，企业社会责任成为财务会计管理中的重要考虑因素。企业需要在财务报表中充分披露环保、社会责任等方面的信息，以满足投资者和社会对可持续经营的期望。

（一）环保与可持续性财务报告

环保与可持续性财务报告是新经济背景下企业社会责任的重要体现，要求企业在财务报表中充分披露其环保措施和可持续性战略的实施情况。环保与可持续性财务报告强调企业对环境的积极管理和关注。企业需要明确披露其采取的环保措施，包括降低碳排放、资源循环利用、减少废弃物产生等方面的具体行动。这些措施不仅有助于企业降低环境负担，也反映了企业对可持续经营的承诺。可持续性战略的实施情况需要在财务报表中得以详细体现。这包括企业在供应链管理、产品生命周期、社会责任投资等方面的战略规划和实施情况。企业应透明地向股东和利益相关方展示可持续性战略的具体效果，包括社会效益、环境效益以及对企业长期价值的贡献。在财务报表中加入环保和可持续性信息有助于建立企业的社会声誉。投资者和利益相关方越来越关注企业的社会责任，经过披露环保和可持续性信息，企业可以树立良好的社会形象。这对于提高企业的吸引力、吸引长期投资以及维护良好的股东关系都起到积极的作用。环保与可持续性财务报告也有助于企业的内部管理。经过定期监测和报告可持续性绩效，企业能够更好地了解其经营活动对环境的影响，并及时调整战略以提高可持续性。这有助于企业更好地适应不断变化的法规和市场需求，实现经济效益与社会责任的双赢。环保与可持续性财务报告已经成为企业社会责任的一部分，也是在新经济时代符合国际潮流的经营理念。经过充分披露环保和可持续性信息，企业不仅能够满足股东和利益相关方的期望，更能够推动企业向更加可持续和负责任的方向发展。这一举措有助于构建企业的长期可持续价值，推动整个产业向着更加环保和可持续的方向迈进。

（二）社会责任的财务反映

社会责任的财务反映是财务会计管理中的重要方面，要求财务报表充分展示企业的社会责任活动。慈善捐赠是企业社会责任的一项重要活动，其财务反映体现在财务报表中。企业应当明确披露其慈善捐赠的金额、对象以及具体用途。这有助于投资者和利益相关方了解企业在社会慈善方面的贡献，并建立企业的公益形象。慈善捐赠的财务反映也涉及到捐赠所带来的税收优惠等方面，这需要在财务报表中清晰呈现。员工福利是企业社会责任的另一方面，其财务反映表现在员工福利支出的透明度。企业应当详细披露员工福利的各项支出，包括薪酬、培训、健康保险等方面。经过在财务报表中充分展示员工福利支出，企业能够向外界传达其对员工的关心，同时也为员工福利管理提供了财务数据支持。社区支持活动也应在财务报表中得到反映。企业经过支持当地社区项目、教育、文化等方面的活动，对社会产生积极影响。在财务报表中明确披露社区支持的金额、项目以及效果，有助于建立企业与社区的良好关系，提升企业的社会责任形象。社会责任的财务反映不仅仅是一种透明度的要求，更是企业积极参与社会发展的一种表达。经过清晰而全面地呈现企业的社会责任活动，企业能够树立良好的社会形象，吸引更多的消费者、投资者和合作伙伴，推动企业在社会责任方面的进一步发展。这也符合新经济时代企业社会责任的要求，是企业可持续经营的一部分。

（三）ESG 标准的整合

ESG 标准的整合是可持续性财务管理中的重要趋势，要求企业在财务报表中清晰地阐述其在环境、社会和治理方面的表现。环境方面的整合要求企业详细披露其在环境保护方面的举措和成果。包括但不限于减排计划、能源利用效率提升、废弃物管理等方面的信息。经过在财务报表中整合环境因素，企业能够展示其对气候变化和环境可持续性的关注，并吸引关注 ESG 标准的投资者。社会方面的整合涉及到企业的社会责任和社会影响。企业需要明确披露其社会责任活动，包括员工福利、慈善捐赠、社区支持等。对于与社会有关的潜在风险，如劳工关系、人权问题等，也需要在财务报表中进行透明度的呈现。治理方面的整合包括企业治理结构、股东权益保护、独立董事的角色等方面的信息。经过在财务报表中整合治理因素，企业能够向投资者展示其良好的治理实践，提高企业的透明度和信任度。ESG 标准的整合不仅仅是一种符合潮流的趋势，更是企业展示可持续性经营的一种方式。投资者越来越重视企业在 ESG 方面的表现，认为这是企业长期价值的体现。经过财务报表整合 ESG 标准，企业能够增强其在投资者和社会中的声誉，促使更多的利益相关方参与到企业的可持续发展中。这也有助于推动整个产业向更加负责任和可持续的方向发展。

（四）投资者对可持续性的关注

投资者对可持续性的关注不断增加。财务会计管理需要反映企业的可持续性战略对投资者价值的影响，以满足越来越多投资者对环保、社会责任的关切，促进可持续性发展的战略投资。投资者对环保、社会责任和良好治理的关注在很大程度上影响了他们的投资决策。越来越多的投资者将环境、社会和治理因素纳入其投资决策的考量范围。他们希望投资那些在可持续性方面表现出色的企业，认为这样的企业更有长期价值和稳健性。企业在财务报表中充分反映可持续性战略对投资者价值的影响，能够更好地满足投资者的需求。越来越多的投资者关注 ESG 标准，将其作为评估企业绩效和风险的指标。财务报表中的 ESG 信息越是清晰透明，越能够吸引 ESG 投资者的关注。企业需要在财务报表中明确地表达其对 ESG 标准的承诺和实践，以获得 ESG 投资者的认可，进而吸引更多的投资。可持续性的财务战略对投资者的影响需要在财务报表中得到准确的反映。这包括企业在可持续性方面的投资、成果和未来规划等信息。

企业可以经过财务报表的透明度，向投资者传递其在可持续性方面的战略意图和业绩成果，建立与投资者的沟通桥梁，增强投资者对企业的信任。投资者对可持续性的关注是企业在财务会计管理中需要认真对待的重要方面。经过在财务报表中全面、透明地反映可持续性战略对投资者价值的影响，企业能够更好地满足投资者的期望，促进可持续性发展的战略投资。这也有助于建立积极的投资者关系，为企业的长期稳健发展提供支持。

可持续发展的强调使得企业在财务会计管理中需要更加全面地考虑环境和社会因素，经过财务报表充分披露相关信息，向利益相关方传递企业的可持续经营理念。这有助于建立企业的社会声誉，提高投资者和消费者对企业的信任。

六、全球化挑战与机遇

新经济时代全球化的趋势加剧了企业面临的竞争和合规压力。财务会计管理需要考虑不同国家和地区的法规差异、汇率风险等因素，制定全球化的财务战略，以应对复杂多变的国际经济环境。

（一）法规差异的管理

在全球化的经济环境下，企业需要处理不同国家和地区的法规差异。财务会计管理需要制定合适的法规遵从策略，确保在各个市场合规经营，同时降低法规风险。企业在不同国家和地区经营，面临的法规环境可能存在显著的差异。这包括税收政策、会计准则、劳动法规等方面的不同。财务会计管理需要建立跨国法规监测体系，及时了解各地法规的变化，并确保企业的财务活动符合当地法规要求。合规性风险管理是财务会计管理中的一个关键方面。企业需要制定合适的法规遵从策略，确保在全球范围内合规经营。这可能涉及到建立合规团队、进行法律尽职调查、制定合规政策等方面的工作。企业还需要培训员工，使其了解和遵守各地的法规要求，降低法规风险。在财务报表编制和披露方面，企业需要考虑不同国家的会计准则和报告要求。财务会计管理应确保财务报表的透明度和准确性，同时满足各地监管机构和投资者的要求。可能需要进行财务报表的调整，以符合不同法规环境下的要求。建立与政府机构和监管部门的良好合作关系也是财务会计管理的一项重要工作。及时沟通并配合当地政府的法规审查和监管要求，有助于企业更好地适应和管理法规差异。在处理法规差异时，企业需要灵活应对，制定全面的法规管理战略。这包括建立跨国法规监测体系、强化合规性风险管理、调整财务报表编制流程等方面的措施，以确保企业在全球范围内合规经营，降低法规风险，维护企业声誉。

（二）跨境交易的复杂性

全球化带来了跨境交易的增加，财务会计管理需要应对不同国家货币、税收政策、报告标准等方面的复杂性。有效的跨境财务管理有助于降低交易成本，提高企业在国际市场的竞争力。不同国家和地区的货币体系差异给跨境交易带来了汇率风险。财务会计管理需要制定有效的外汇风险管理策略，以降低汇率波动对企业财务状况的影响。这可能包括使用金融工具进行避险、建立多货币账户等方式。不同国家的税收政策和法规要求可能导致企业面临复杂的税务挑战。财务会计管理需要确保企业在跨境交易中遵守各地的税收法规，合理规划税务策略，以最大程度地降低税负。这可能涉及到利用税收协定、优化跨境资金流动等方面的操作。在财务报表编制方面，不同国家的会计准则和报告标准也可能存在差异。财务会计管理需要确保财务报表的一致性和可比性，可能需要进行调整以符合不同地区的会计要求，同时满足国际财务报告准则（IFRS）等国际标准。跨境交易还可能涉及到合规性风险，包括但不限于海关规定、贸易限制等。财务会计管理需要了解并遵守相关的法规，以确保企业在跨境交易中合法经营，避免潜在的法律风险。在应对跨境交易的复杂性时，企业需要综合考虑货币、税收、会计等多个方面的因素，制定全面的跨境财务管理策略。有效的策略有助于降低交易成本，提高企业在国际市场的竞争力，同时确保企业在全球范围内合规经营。

（三）汇率风险的管理

在全球化的商业环境中，企业面临着汇率波动的不可避免的挑战。这种波动可能导致企业在国际贸易、投资和资金管理方面面临风险。财务会计管理需要采取有效的汇率风险管理策略，以确保企业的财务状况在不同汇率环境下的稳定性和可持续性。货币多元化是降低汇率风险的关键策略之一。企业可以经过多元化其货币结构，即使用多种货币进行国际贸易和资金管理，来分散对单一货币的依赖性。这样一来，即使某一货币出现波动，其他货币的表现可能有所平衡，有助于降低整体汇率风险。使用远期合同和期货工具是一种有效的对冲手段。企业可以经过与金融机构签订远期合同或购买期货合约，锁定未来的汇率，规避由于汇率波动引起的不确定性。这种方法有助于企业更好地计划和预测其未来的财务状况。货币套期保值是另一项重要的汇率风险管理策略。经过采取适当的货币套期保值策略，企业可以在面临汇率波动时保护自身免受不利影响。这可能涉及使用金融衍生工具，如期权或互换合同，以对冲不同货币的资产和负债。财务规划和预测在降低汇率风险方面也起到至关重要的作用。经过定期进行财务规划和预测，企业可以更好地了解不同汇率情景下其财务状况的变化，有助于及时采取调整策略以适应市场变化。密切监测宏观经济环境也是有效管理汇率风险的关键。了解全球经济趋势、政治事件和其他因素对汇率的潜在影响，有助于企业更好地预测汇率的走势，并做出相应的风险管理决策。在这个充满变数的国际经济环境中，采取综合的汇率风险管理策略是确保企业财务稳健性的必要步骤。企业需要灵活运用不同的对冲工具和策略，根据市场情况调整其财务战略，以降低汇率波动可能带来的潜在风险。经过这些综合而有针对性的措施，企业可以更好地应对全球化经济环境中的汇率挑战，确保其财务状况的稳定性和可持续性。

（四）全球治理和透明度

全球治理和透明度是财务会计管理中至关重要的方面，尤其是在全球化的经济环境中。企业需要遵循国际会计准则，确保其财务报表具有高度透明度，以满足国际投资者和跨国合作伙伴的期望，提升企业的全球声誉。采用国际会计准则是确保透明度的基础。国际财务报告准则（IFRS）是全球通用的会计标准，采用这一标准的企业能够提供更一致和可比的财务信息。经过遵循 IFRS，企业能够在全球范围内与投资者和合作伙伴进行更加透明的财务沟通，减少信息不对称的可能性。及时披露是确保透明度的重要步骤。企业需要及时发布完整、准确的财务报告，确保投资者和其他利益相关方能够及时获取关键的财务信息。及时披露不仅有助于建立信任，还能提高市场的透明度，为投资者提供更明晰的投资环境。建立有效的内部控制体系也是确保财务透明度的关键。经过建立健全的内部控制机制，企业能够确保财务报表的准确性和完整性，防范潜在的错误和欺诈行为。内部审计和风险管理也是透明度的关键组成部分，有助于企业全面了解其财务状况和经营风险。企业还应当积极参与全球治理倡议。加入国际商会、遵守国际商业行为准则，参与全球可持续发展目标等活动，有助于企业在国际社会中建立良好的声誉，提高透明度水平。全球治理和透明度是企业在全球化时代中取得成功的关键因素之一。经过采用国际会计准则、及时披露、健全的内部控制体系以及积极参与全球治理倡议，企业可以建立起高水平的财务透明度，为国际投资者提供可信赖的财务信息，提升企业在全球市场中的竞争力。透明度不仅符合国际商业的最佳实践，也有助于构建企业与利益相关方之间的信任关系，为可持续经营奠定坚实基础。

全球化既带来了挑战，也提供了机遇。财务会计管理需要审慎考虑全球化带来的各种因素，制定灵活的财务战略，以应对全球化经济环境中的变化与机遇。

在新经济的浪潮中，财务会计管理需要积极适应新的业务环境，采用创新性的方法，以更好地满足企业的财务需求并保持竞争力。

第二节　共享经济、跟踪经济、品质经济与财务

一、共享经济的财务挑战

在共享经济的背景下，企业确实面临着一系列新型的财务挑战。这些挑战涉及到收入分成、资源共享等特殊的经济模式，对传统的财务会计管理提出了新的要求和考验。对于共享经济中的收入核算，传统的单一销售模式可能不再适用。共享经济通常涉及多方参与，可能涉及到多个合作伙伴之间的复杂交易关系。财务会计管理需要创新收入核算方式，确保每一方的收入在交易中得到准确记录，以避免潜在的纠纷和不公平分配。资源共享带来了成本计算方式的变革。在传统模式下，企业可能更容易控制和核算自有资源的成本，而在共享经济中，资源的共享和利用变得更加复杂。财务会计管理需要创新成本计算方式，包括共享资源的计量、定价机制等，以确保成本的准确反映和合理分摊。共享经济的灵活性和实时性也对财务管理提出了新的挑战。由于共享经济的特殊性，交易可能更为频繁、即时，财务会计管理需要具备更高的敏捷性，能够及时记录和反映交易，保证账务的准确性和及时性。对于共享经济中的合规性和法规遵从，财务会计管理也需要更加关注。不同地区可能有不同的法规和税收政策，企业需要确保在各个市场中合规运营，避免潜在的法律风险。共享经济的兴起对财务会计管理提出了全新的挑战，要求企业不仅要灵活适应新的经济模式，还需要创

新财务管理策略和技术工具，以应对共享经济带来的复杂性和变化性。这也是财务专业人员需要不断学习和更新自己知识体系的一个重要方向。

二、跟踪经济中的数据分析需求

跟踪经济中的数据分析需求是财务会计管理中的一个关键方面。在这一背景下，数据分析成为了财务会计管理中不可或缺的一项工作。企业需要投资于先进的数据分析工具。这些工具能够帮助企业收集、整理、分析大规模的数据，揭示出隐藏在数据背后的规律和趋势。这种数据分析工具的投入不仅提高了数据处理的效率，还使得企业能够更全面地了解市场、行业和自身业务的状况。财务会计管理要能够有效整合这些数据。数据分析不仅仅是由数据科学家或分析师完成的工作，财务团队也需要具备一定的数据整合和分析能力。这包括了将来自不同部门和系统的数据进行整合，建立一个全面的数据视图，为管理层提供更全面、一致的信息。在跟踪经济中，市场变化是一个至关重要的方面。企业需要经过数据分析来监测市场趋势、竞争对手的动态，以及消费者的偏好变化。这些信息对于制定销售策略、定价策略以及市场定位都具有重要意义，财务会计管理需要在这方面提供准确的数据支持。对消费者行为的深入分析也是必不可少的。了解消费者的购买习惯、偏好，以及对产品或服务的反馈，可以帮助企业更好地满足市场需求，提高客户满意度。财务会计管理需要将这些消费者行为的数据与财务数据结合起来，为企业提供更全面的业务洞察。跟踪经济中的数据分析需求对于财务会计管理是一个战略性的任务。经过投资于先进的数据分析工具、培养团队的数据分析能力，以及整合不同来源的数据，企业可以更好地适应经济的变化，做出更明智的财务决策。这也是财务团队需要与科技、数据团队密切合作的一个方向。

三、品质经济与成本控制

品质经济与成本控制是财务会计管理中的一项关键挑战。企业在追求卓越品质的同时，必须保持对成本的有效控制，以确保业务的可持续发展。企业需要确保成本核算的精准性。准确地核算各个环节的成本是实现成本控制的前提。这包括原材料采购、生产过程、人力成本等方面的成本。经过建立健全的成本核算体系，企业可以更好地了解每个环节的开支，有针对性地进行控制。要在品质经济和成本控制之间找到平衡点。高品质通常伴随着更高的成本，但企业需要在追求品质的同时保持成本的合理性。

这可能涉及到技术创新、生产流程的优化，以实现在品质和成本之间的最佳平衡。有效的供应链管理是品质经济与成本控制的关键。与供应商建立稳固的合作关系，确保原材料的质量和价格都在可控范围内，有助于提高产品或服务的品质，同时降低采购成本。在劳动力方面，培养高效、技能丰富的团队是至关重要的。经过培训和发展员工的技能，企业可以提高生产效率，减少错误和浪费，在维持品质的同时实现成本的控制。技术的应用也是关键因素。自动化和数字化技术的引入可以提高生产效率，降低人力成本，同时有助于提升产品或服务的品质。企业需要积极采纳先进技术，以在品质经济和成本控制之间找到良好的平衡。在财务会计管理中，成本控制不仅仅是为了维持盈利，更是为了在市场竞争中保持竞争力。企业需要不断优化经营策略，灵活应对市场变化，以实现品质经济和成本控制的双赢。这也是财务团队需要密切关注业务运营，与其他部门合作共同推动企业可持续增长的一个方向。

四、财务策略的灵活性

在不同经济模式下，财务策略的灵活性成为企业成功经营的关键因素。每种经济模式都带来独特的挑战和机遇，因此企业需要根据其所处的经济环境调整财务策略，以适应不断变化的市场条件和商业需求。在共享经济中，企业面临着新型的财务挑战，其中包括收入分成、资源共享等模式。为了应对这些挑战，财务策略需要具备灵活的定价和收费策略。共享经济往往涉及按需付费，因此企业需要不断调整定价以满足市场需求，同时确保维持盈利性。财务团队应具备快速响应市场变化的能力，以实现灵活的财务决策，并根据用户行为和市场竞争做出实时调整。跟踪经济要求企业具备高度的数据分析能力，以深入了解市场变化和消费者行为。财务策略需要整合先进的数据分析工具，确保能够实时跟踪市场趋势。财务团队应该能够分析大规模的市场数据，以支持管理层更明智地做出决策。快速适应性也是关键，企业需要在市场变动时调整投资、优化成本结构，并迅速应对竞争压力。品质经济注重产品或服务的卓越品质，但同时需要合理的成本控制。在品质经济中，财务策略需要注重长期规划，包括资本投资、品牌建设和建立可持续竞争优势的财务决策。企业应确保财务规划与品牌战略相一致，以实现长期盈利和品牌价值的提升。品质经济还可能需要在产品创新和研发方面进行投资，因此财务决策需要平衡创新和成本效益。不论在哪种经济模式下，财务策略的通用原则包括数字化技术的整合、供应链和生产流程的优化、风险管理和业务弹性的建设。数字化技术的整合可以提高财务决策的准确性和效率，使企业更好地适应数字经济的要求。供应链和生产流程的优化是确保资源最大化利用的关键，同时提高业务的灵活性。风险管理和业务弹性则是应对不确定性的重要手段，企业需要建立有效的风险管理体系，以确保在市场波动和风险事件中能够灵活调整战略。在不同经济模式下，企业需要灵活应对各种财务挑战。灵活性并非一成不变的策略，而是需要根据市场情况、技术发展和行业趋势作出调整。财务团队的敏捷性和反应速度至关重要。经过建立强大的数据分析能力、投资于先进技术、优化供应链以及制定明智的风险管理策略，企业可以更好地实现财务策略的灵活性，并在竞争激烈的市场中取得成功。

五、财务合规与法规要求

在不同经济模式中，财务会计管理需要精准应对各种法规和合规要求，以确保企业在经济运行中遵守法律法规，降低法律风险，建立合规的经营环境。在共享经济模式中，企业需要面对特殊的税收和合同法规。由于共享经济的交易模式较为复杂，企业财务需要确保在不同地区遵守相关的税收法规，合理报税，防范潜在的税务风险。对于共享经济平台的用户合同，财务团队需要关注合同的合规性，确保合同的合法有效性。建立清晰的财务合规流程和内部控制机制，以适应不同法规的要求，是共享经济中财务合规的核心挑战。跟踪经济要求企业适应各国法规的多样性。不同国家和地区有着不同的税收政策、会计准则和报告标准，这为财务会计管理带来了挑战。财务团队需要深入了解各地法规的变化，确保财务报表的准确性和合规性。建立国际财务专业团队，具备对全球法规的及时响应和调整能力，是财务合规的有效手段。跨国企业可能面临外汇管制和跨境资金流动的法规限制，财务团队需要采取相应措施以降低汇率波动的影响。在品质经济中，企业需要严格遵守产品标准和质量合规性要求。产品质量与合规性是品牌建设的基石，也关系到企业的法律责任。财务团队在品质经济中的角色不仅在于资金的合理分配，更需要确保产品生产过程的合规性。投资于符合标准的生产设备和原材料，建立质量保障体系，对生产过程进行监控和质量检测，以确保产品的质量合规。财务团队需要与法务和生产团队密切合作，确保产品标准的制定和执行符合法规要求。在不同经济模式下，通用的财务合规策略包括建立全面的内部控制体系、定期进行法规法律风险评估、培训员工遵守合规规定等。财务团队需要与法务部门密切协作，及时了解法规的变化，并进行内部培训，以确保全体员工对合规要求的理解和遵守。在不同的经济模式下，财务合规是企业成功经营的基石。经过建立强大的内部控制机制、深入了解各地法规、定期进行法律风险评估，企业可以在财务管理中有效地应对法规的复杂性，确保合规经营，降低法律风险。财务团队的专业素养和对法规变化的敏感性将对企业的财务合规性产生深远的影响。

六、品牌价值与财务影响

品牌价值在不同的经济模式中扮演着重要的角色，它不仅关系到企业在市场中的竞争地位，还直接影响着企业的财务状况和经济绩效。让我们深入探讨不同经济模式下品牌价值的形成和对财务的影响。在共享经济模式下，品牌价值主要体现在用户口碑和平台知名度上。用户对平台的好评和分享对品牌形象具有积极影响，吸引更多用户的加入。这种口碑传播有助于提高平台的知名度，进而推动业务的增长。财务上，积极的品牌口碑和知名度带来了更多的用户，增加了交易量和平台利润。共享经济平台的品牌价值也影响着投资者和合作伙伴的信任，有助于融资和业务拓展。在跟踪经济中，品牌价值需要建立在数据驱动的基础上。经过对市场和消费者行为的深入分析，企业可以根据实际需求进行品牌调整，提高品牌适应市场变化的能力。品牌的数据驱动形象有助于更准确地满足消费者需求，提高产品和服务的市场份额。财务上，精准的品牌定位和市场占有率的提高将带来更可观的收入和盈利，增加企业的市值。在品质经济中，品牌价值主要建立在产品和服务的高品质上。经过提供卓越的产品和服务，企业树立了积极的品牌形象，吸引了注重品质的消费者。这种品牌忠诚度有助于维持和扩大市场份额，提高产品溢价能力。在财务层面，品质经济中的品牌价值带来了高忠诚度客户的持续消费，提高了客户生命周期价值，为企业带来稳定的收入流。高品质的品牌形象也为企业在市场上建立了较高的溢价空间，有利于提高产品售价和盈利水平。在通用原则下，无论是共享经济、跟踪经济还是品质经济，都共享着品牌价值对财务的积极影响。强大的品牌价值不仅提高了企业的市场竞争力，还为企业创造了更多的商机和利润空间。财务团队需要与市场营销团队紧密合作，确保品牌传播的一致性和有效性，使品牌价值得以最大程度地发挥财务价值。在不同的经济模式中，品牌价值对企业的财务状况有着独特而深远的影响。经过科学的品牌战略和有效的品牌管理，企业可以在竞争激烈的市场中赢得消费者的信任和忠诚，为企业的可持续发展和财务成功打下坚实基础。

第三节　新经济下的财务组织与模式变革

一、新经济下的财务组织变革

（一）扁平化的财务组织结构

在新经济的快速变化中，组织结构的灵活性和敏捷性变得尤为重要。扁平化的财务组织结构是一种适应这一需求的重要举措。随着企业环境的不断演变，传统的繁琐层级的管理结构已经显得过时，企业纷纷转向更为简洁和迅捷的组织形式。新经济的快速变化要求企业能够迅速作出决策、灵活调整战略。在传统的层级化结构中，信息需要经过多个层级的传递，这样的传递链路使得决策过程变得缓慢而复杂。扁平化的财务组织结构经过减少层级，简化了信息传递的路径，使得财务团队更能快速获取和理解市场信息，更迅速地作出决策。扁平化的财务组织结构不仅有助于信息的快速传递，还提高了决策的效率。较少的层级意味着更迅速的决策路径，降低了信息传递的滞后性。财务团队能够更迅速地响应市场的变化，制定相应的财务策略，更好地支持企业的战略目标。

扁平化的结构鼓励更多的团队成员参与决策和创新。每个团队成员在更简单的管理结构中更容易获得决策的机会，这不仅激发了团队成员的责任感，也促进了创新和新思维的涌现。财务团队成员更有机会为财务决策提供创造性的建议，推动整个企业的创新。扁平化的结构提高了沟通的效率。减少的层级结构降低了信息传递的复杂性，使得团队成员更容易直接沟通。这有助于确保财务团队对企业目标的理解一致性，共享信息更加透明，促进了更好的团队协作。尽管扁平化的财务组织结构带来了许多优势，但在实施过程中也面临一些挑战。领导力和管理能力的提升是一个必要的过程。领导者需要适应新的组织结构，具备更强的领导力和管理技能，以确保团队的有效运作。信息流程的优化也是关键。扁平化结构下，信息的传递需要更为迅速、准确，因此需要优化信息流程，确保信息能够及时、清晰地传递到决策者手中。在新经济的背景下，扁平化的财务组织结构是财务管理领域的一项重大创新。经过提高决策效率、促进团队合作和创新，以及提高沟通效率，这一结构有助于财务团队更好地适应新经济的变革，为企业提供更迅速、灵活的财务支持。然而，领导力的提升和信息流程的优化是实施过程中需要认真面对和解决的挑战。经过合理应对这些挑战，扁平化的财务组织结构将为企业在新经济时代取得更大成功提供强有力的支持。

（二）跨职能团队的形成

在新经济中，跨职能团队的形成成为推动企业协同发展的关键因素。传统观念中，财务部门往往被视为独立的岛屿，专注于数字和报表，与其他职能部门的交流相对有限。然而，在当今快速变化和竞争激烈的商业环境中，企业逐渐意识到财务部门不应孤立运作，而是应与其他部门形成更为紧密的合作。跨职能团队的形成有助于加强业务理解。传统财务团队可能只关注财务数据和报表，但在与市场营销、技术等部门协作的过程中，他们能够更全面地了解企业的运营和市场动态。经过与其他职能部门的互动，财务团队能够更深入地理解业务模式、客户需求以及竞争格局，更准确地为企业提供财务支持。跨职能团队的形成推动更有效的财务决策。当财务团队与市场营销、技术等部门密切合作时，他们能够获取更多的实时信息和业务洞察。这使得财务团队能够基于更全面的数据和情报做出决策，而不仅仅依赖于财务指标。例如，与市场营销团队协作，财务团队可以更好地理解市场趋势，为资金分配和投资提供更有针对性的建议。跨职能团队的形成还有助于制定全面的战略方案。不同部门的专业知识和经验汇聚在一起，促使企业能够制定更全面、协调一致的战略。例如，财务团队可以与技术团队合作，评估新技术的投资回报率，并为企业未来的创新提供财务支持。跨职能团队的形成不仅使财务部门更好地融入企业整体运营，也推动了企业更加灵活、快速地适应变化的能力。在新经济时代，这样的协作模式将成为企业取得竞争优势的关键之一。

（三）数字化技术的整合

数字化技术的整合对财务组织的影响深远且积极。数字化技术的整合提高了数据处理的效率。自动化流程使得繁琐的、重复性的任务可以被快速而准确地完成，节省了时间和资源。例如，自动化的财务报表生成和核对过程能够大大减少手动数据输入和校对的工作量，降低了出错的可能性，同时提高了数据的准确性和可靠性。数字化技术的整合减少了人工错误。人为因素是财务工作中常见的出错原因，而数字化技术的应用可以极大地降低这些错误的风险。自动化流程和智能分析工具能够快速检测异常和错误，及时进行修正，提高了数据的质量和可信度。数字化技术的整合使财务团队能够更专注于战略性决策和价值创造。经过自动化处理繁琐的日常任务，财务团队释放出更多时间和精力，可以更深入地参与战略规划、业务分析和预测。智能分析工具的运用也使得财务团队能够更快速地分析大量数据，发现潜在的业务机会和挑战，为企业提供更有深度和前瞻性的意见。数字化技术的整合使财务团队更具敏捷性和创造力。它不仅提高了操作效率，降低了风险，还赋予了财务团队更多的战略性角色，使其能够更好地支持企业的发展和创新。在数字化转型的浪潮中，财务团队将继续发挥着更加重要和战略性的作用。

（四）灵活用人模式

在新经济的浪潮中，财务组织正在采用更加灵活的用人模式，以更好地适应全球化和数字化转型的挑战与机遇。这种灵活用人模式包括多方面的变革，如雇佣独立专业人士、推行远程办公等，为财务团队提供更大的灵活性和适应性。雇佣独立专业人士成为一种趋势。在新经济中，企业发现雇佣独立的财务专业人才能够更灵活地满足项目性需求。这种模式下，企业可以根据项目的具体要求雇佣专业人士，不必长期承担固定的人员成本。这不仅能够降低用人成本，还使得财务团队能够更灵活地调整团队的专业技能和经验。远程办公的普及也改变了传统的工作方式。数字化技术的发展使得远程办公变得更加便捷和高效，财务团队不再受限于地理位置。这不仅为企业提供了更广泛的人才选择范围，也为员工提供了更灵活的工作环境。远程办公使得财务团队能够更好地协同合作，同时降低了办公空间的成本。灵活用人模式还允许财务组织更灵活地调整团队规模和结构。在经济不确定性和市场波动的背景下，企业需要更灵活地应对变化。经过雇佣临时工、调整项目团队规模等方式，财务组织能够更迅速地适应市场的变化，确保团队的适度规模和高效运作。灵活用人模式使得财务组织能够更好地适应新经济的发展趋势。它为企业提供了更多的选择和弹性，使得财务团队能够更灵活地应对挑战，保持竞争力。在未来，灵活用人模式有望继续成为财务组织发展的重要策略之一。

二、新经济下的财务模式变革

（一）实时财务数据的强调

在模式变革的时代，对实时财务数据的强调变得愈发重要。传统的周期性报告虽然仍然具有价值，但企业日益意识到实时性数据的重要性，尤其是在快速变化的商业环境中。这引发了财务模式的转变，强调更加及时的财务监控和报告，以满足管理层及时做出决策的需求。实时财务数据的强调体现在多个方面。企业越来越倾向于实时监控财务状况。传统的月度或季度报告在信息传递上存在延迟，而实时财务数据能够提供更为及时的状态快照。这使得管理层能够更早地发现潜在的问题或机会，及时采取相应的措施。实时财务数据的强调也改变了决策的基础。在过去，管理层主要依赖历史数据和周期性报告做出决策。然而，在快速变化的市场中，对即时数据的依赖变得更为迫切。实时财务数据能够提供更准确、全面的信息，为管理层提供更有依据的决策支持。强调实时财务数据也反映在企业对数字化技术的广泛应用上。智能分析工具、大数据分析等技术的引入，使得企业能够更快速、精准地分析财务数据，实现实时监控和报告的目标。这种数字化的转型不仅提高了数据处理的效率，也为管理层提供了更丰富的数据可视化工具，使得他们能够更直观地理解财务状况。实时财务数据的强调是财务模式变革的一部分，反映了企业对更灵活、敏捷的经营方式的需求。这种强调不仅改变了信息传递和决策的方式，也推动了数字化技术在财务领域的广泛应用，为企业在快速变化的市场中保持竞争优势提供了有力支持。

（二）预测性分析的应用

在模式变革中，预测性分析的应用成为财务模式中的一个重要趋势。借助大数据和人工智能技术，企业能够更准确地预测市场趋势、风险和机会，为财务规划和决策提供更具前瞻性的支持。预测性分析经过对大数据的深度分析，能够揭示隐藏在海量数据中的模式和趋势。这使得财务团队能够更好地理解市场的动态，预测行业走势和市场需求的变化。经过对过去和实时数据的整合，预测性分析不仅能够提供对当前情况的准确把握，还能够预测未来可能出现的情景，为企业提供更为全面的决策依据。预测性分析在风险管理方面具有重要作用。经过分析历史数据和各种因素的关联性，财务团队能够更准确地识别潜在的风险，并采取相应的措施进行防范。这种前瞻性的风险分析有助于企业在面临市场波动和不确定性时更灵活地调整战略，降低潜在风险的影响。预测性分析也为企业发现新的机会提供了支持。经过对市场和客户行为的深入分析，财务团队能够识别出新的市场机会和潜在的增长点。这使得企业能够更灵活地调整业务战略，抓住市场变化中的机遇。预测性分析的应用是财务模式变革中的一个重要方向。它不仅提高了对市场的敏感度和理解力，还为企业提供了更为前瞻性和精准的决策支持。在不断变化的商业环境中，预测性分析有助于企业更好地应对挑战，实现可持续的发展。

（三）财务服务外包的趋势

在新经济的大环境下，财务服务外包正成为企业财务模式变革的一个明显趋势。这一变革体现在企业更倾向于将非核心业务外包，包括财务服务。这种趋势的背后有多方面的原因，包括提高效率、降低成本，以及更专注于核心业务。财务服务外包有助于提高效率。专业的财务服务提供商通常拥有丰富的经验和高效的操作流程，能够更迅速、准确地完成各类财务任务。经过外包财务服务，企业能够借助专业团队的优势，提高财务工作的效率，确保财务数据的及时性和准确性。外包财务服务能够降低企业的运营成本。雇佣和培训内部财务团队所需的成本相对较高，而外包财务服务通常以更经济的模式提供相同或更优质的服务。外包不仅能够降低人力成本，还能够减少相关的办公和技术设备投资，使得企业能够更集中资源用于核心业务的发展。财务服务外包使企业更专注于核心业务。经过将财务服务外包，企业能够将更多的精力和资源集中在核心业务领域，加强自身的竞争力。外包财务服务能够为企业提供专业的财务支持，使得企业能够更专注于战略规划、业务发展和客户服务等方面。财务服务外包的趋势是企业在新经济时代普遍采纳的一种战略选择。经过外包，企业能够提高效率、降低成本，并更好地专注于核心业务。这种变革不仅符合市场的需求，也为企业在激烈的竞争中保持灵活性和竞争力提供了有力支持。

（四）多元化的融资模式

在新经济的背景下，财务模式正逐渐摆脱传统的融资方式，探索更多多元化的融资模式。除了传统的银行贷款，企业越来越倾向于采用股权融资、众筹等多种方式，以满足不同资金需求并降低财务风险。股权融资成为一种重要的选择。经过发行股票或引入投资者，企业可以获得资金注入，同时分享业务增长的收益。股权融资不仅能够提供企业更大的资金灵活性，还能够吸引更多愿意分享风险和利益的投资者，推动企业的创新和扩张。众筹作为一种新型融资模式逐渐崭露头角。企业可以经过众筹平台向大众募集资金，无论是产品开发、市场推广还是创新项目。众筹不仅为企业提供了一种非传统的融资途径，还能够促使企业与消费者更加互动，建立更紧密的关系。债务融资的方式也在多元化中得到体现。除了传统的银行借款，企业还可以经过发行债券等方式获取借款。这种多元化的债务融资模式使得企业能够更灵活地选择适合自身情况的融资工具，根据不同项目和资金需求进行调整。多元化的融资模式反映了企业对更灵活、创新性融资方式的追求。在新经济时代，企业不再依赖传统的融资方式，而是更加注重寻找适应自身业务和发展阶段的融资模式。这种变革不仅为企业提供了更多选择，也推动了金融行业的创新和发展。这种组织变革和模式变革的双重变革使得财务在新经济中更具应变能力、创新性和战略导向。

第四节　新经济下的财务人变革

一、技能与素养的提升

在新经济中，财务人员需要不断提升技能和素养，以适应快速变化的商业环境和不断发展的财务模式。数字化技术的应用是不可忽视的。财务人员需要了解并熟练运用各种数字化工具，包括财务软件、大数据分析工具等。数字化技术的广泛应用使得财务工作更高效、准确，财务人员需要具备相应的数字化素养，以适应数字化转型的趋势。数据分析能力变得至关重要。财务人员需要具备对大量数据进行分析和解读的能力，从中提取有价值的信息，为企业提供更深入的洞察。数据分析的技能有助于制定更科学的财务战略，提高决策的准确性。沟通协作能力也是财务人员必备的素养。在新经济中，财务人员不再是独立工作的岛屿，而是需要与其他部门密切合作。良好的沟通技巧和协作能力使得财务团队更好地与市场、技术等部门协同工作，共同推动企业的战略目标。创新意识也是新经济中财务人员需要培养的素养之一。财务人员需要理解业务的全局，与其他领域的同事进行有效的合作。这种跨领域合作能力有助于财务人员更好地理解业务需求，提供更符合实际情况的财务建议。财务人员在新经济中需要全面提升技能和素养，既要具备传统的财务知识，又要适应数字化技术的发展，注重创新、沟通和协作，以更好地应对新经济时代的挑战。

二、数字化转型的适应

财务人需要适应数字化转型的趋势，熟练运用财务软件、数据分析工具以及人工智能技术。数字化技术的应用不仅提高了工作效率，还使财务人能够更好地分析和解释数据，为企业提供更智能的财务决策支持。熟练运用财务软件是必要的。财务软件能够大大简化财务流程，提高工作效率。财务人员需要熟悉并掌握各种财务软件，以更高效地完成日常工作，同时能够充分利用软件的功能进行数据整理和分析。数据分析技能变得至关重要。随着大数据时代的到来，财务人员需要能够有效地分析大量的财务数据，并从中提取有用的信息。这要求他们具备数据分析的技能，包括使用数据可视化工具，进行趋势分析和预测。对人工智能技术的了解和运用也是必备的。人工智能在财务领域的应用越来越广泛，例如智能审计、自动化报表生成等。财务人员需要理解这些技术的基本原理，以便更好地与智能系统进行协作，提高工作效率。适应数字化转型还需要不断学习和更新知识。数字技术的发展速度快，财务人员需要保持对新技术的敏感性，持续学习和更新知识，以保持与时俱进的水平。加强信息安全意识也是非常重要的。财务人员需要了解并采取相应的措施，保护财务数据的安全，防范潜在的风险。数字化转型对财务人员提出了更高的要求，需要他们不断提升技能，适应新的工作环境。经过熟练运用财务软件、掌握数据分析技能以及了解人工智能技术，财务人员能够更好地应对数字化转型的挑战，为企业提供更智能、高效的财务服务。

三、战略合作与领导力发展

在新经济中，财务人员的角色正在发生重要变化，他们不再仅仅是数字记录者，更要成为战略合作伙伴。在这个过程中，培养战略思维和领导力成为关键，使财务人员能够更积极地参与企业决策，与其他职能部门协作，为企业的战略目标提供财务支持。战略思维是财务人员必备的素质之一。他们需要能够超越传统的财务职能，更广泛地理解企业的战略方向和市场动态。经过深入了解业务和行业，财务人员能够更好地把握公司的战略目标，为企业提供更具前瞻性的财务建议。领导力的发展对于财务人员来说也至关重要。领导力不仅仅是管理团队，更是能够在跨部门合作中发挥引领作用的能力。财务人员需要具备有效的沟通、团队协作和决策能力，以便更好地与其他职能部门合作，共同推动企业的战略目标。战略合作的关键在于建立与其他部门的紧密联系。财务人员需要主动参与业务讨论，了解各部门的需求，并基于财务知识提供可行的解决方案。经过与市场、营销、技术等部门密切合作，财务人员能够更好地理解企业的整体运作，并为制定战略提供有力支持。财务人员需要更加开放和创新。在战略合作中，创新思维能够帮助财务人员提出新颖的财务策略，推动企业更好地适应快速变化的市场。积极拥抱变革，提出创新性的财务解决方案，使财务团队成为企业战略制定和执行的积极参与者。战略合作和领导力的发展是新经济中财务人员必须要面对和努力发展的方向。经过培养战略思维、加强领导力，财务人员能够更好地融入企业战略决策的过程中，为企业的可持续发展贡献力量。

四、全球化视野与国际化经验

在新经济时代，全球化确实成为企业面临的一项重要挑战。财务人员在这个背景下需要具备全球化的视野，以更好地应对不同国家和地区的财务法规，处理跨境交易和汇率风险。积累国际化经验也是财务人员提高应对全球化财务挑战能力的重要途径。全球化的视野要求财务人员了解并熟悉各国和地区的财务法规。不同国家的法规体系和税收政策可能存在差异，了解这些差异对于企业的全球经营至关重要。财务人员需要不断更新自己的知识，确保企业的财务运作符合各国法规，避免可能的法律风险。财务人员需要处理跨境交易和汇率风险。财务人员需要善于制定和执行有效的汇率风险管理策略，以降低货币波动对企业财务状况的影响。这需要对全球市场和汇率走势有敏锐的洞察力，以及对不同货币体系的深刻理解。国际化经验的积累是提高财务人员应对全球化挑战能力的关键。参与国际业务，接触不同文化、财务制度和商业环境，有助于财务人员更全面地理解全球经济体系。这种经验不仅仅是理论知识的积累，更是在实践中培养的战略眼光和跨文化沟通能力。全球化视野和国际化经验是财务人员在新经济环境中应对挑战的重要因素。适应全球化潮流，不断提升自己的知识水平和实践能力，将使财务人员更好地为企业的全球化运营提供支持和指导。

五、学习型与创新型思维

　　学习型和创新型思维对于财务人员在新经济中的发展至关重要。学习型思维是财务人员必备的素养。财务人员需要保持敏感性，主动学习新知识，了解新技术和法规，以便及时应对行业变化。建立学习型思维有助于财务人员保持竞争力，持续提升自身的专业水平。创新型思维是推动财务领域发展的关键。财务人员需要培养创新意识，不仅关注传统的财务管理方式，还要敢于挑战现状，提出并实施创新性的财务管理方案。创新不仅仅是技术层面的创新，还包括在财务策略、预算管理等方面的创新，以推动企业在财务领域的发展。学习型思维和创新型思维相互促进。学习型思维使财务人员能够获取新知识、新技能，为创新提供更多的素材。创新型思维激发了对学习的需求，因为财务人员意识到只有不断学习，才能更好地应对挑战，提出创新性的解决方案。在新经济中，财务人员作为企业战略的重要组成部分，学习型和创新型思维的双重素养将使其更好地适应快速变化的商业环境，为企业的发展提供战略性的财务支持。

第三章 新经济下的企业财务战略与财务预算

第一节 基于企业生命周期的财务战略管理

一、初创阶段的财务战略管理

在企业初创阶段，财务策略的焦点通常是确保足够的启动资金和资金管理。初创企业需要谨慎规划资金用途，控制成本，可能依赖于投资、创业孵化器或初创公司融资。财务管理要注重建立健全的财务体系，确保透明度和财务规范性。

（一）启动资金规划

启动资金规划在初创阶段至关重要，是确保新业务成功起步的关键一步。在这个阶段，财务战略需要集中在确保足够的启动资金上，以应对各种挑战和机遇。进行市场研究是启动资金规划的基础。了解目标市场的需求、竞争格局和潜在机会是至关重要的。市场研究可以帮助财务团队准确估算业务启动所需的资金量，并为预算制定提供基础数据。有效的市场研究可以降低财务风险，确保资金投入更有针对性。接下来，制定详细的预算是确保资金有效利用的关键步骤。预算应该涵盖各个方面，包括但不限于市场推广、人力资源、设备采购等。经过制定详细的预算，企业可以更好地控制和监督资金的使用，避免不必要的开支，并为未来的财务决策提供依据。在资金计划中，考虑潜在风险和不确定性也是不可忽视的因素。初创企业往往面临市场变化、竞争压力和外部环境变化等不确定性因素。财务团队应该在资金计划中留有一定的灵活性，以应对可能的变化和挑战。建立一定的储备资金是降低风险的有效方式，确保企业在面对不确定性时有足够的后盾。确保企业在启动阶段有足够的资金支持是财务战略的最终目标。这意味着财务团队需要仔细监控资金流动，及时调整预算，确保不会因为资金不足而影响业务正常运营。建立与投资者、银行或其他融资渠道的良好关系也是确保资金充足的重要手段。在初创阶段，财务战略的成功与否很大程度上取决于对启动资金的合理规划和有效管理。经过市场研究、预算制定、考虑不确定性因素以及与融资方建立良好关系，企业可以更有信心地迎接创业的挑战，确保在竞争激烈的市场中稳步前行。

（二）成本控制与效益最大化

在初创阶段，成本控制与效益最大化是财务战略中的核心任务。财务团队的职责不仅在于确保资金的充足，还要注重每一笔资金的使用，以实现最大的效益。审慎管理开支是成本控制的关键一环。财务团队需要仔细审查各项费用，并与供应商进行谈判以获得更有利的合同条件。寻找具有竞争力的价格，并确保所选择的供应商能够提供高质量的产品或服务，在成本方面取得优势。优化运营流程也是实现成本控制和效益最大化的有效途径。经过精细化运营流程，企业可以提高工作效率，减少资源浪费，降低生产成本。这可能涉及到采用先进的技术、自动化流程或重新设计工作流，以提高整体运营效率。考虑到每一笔资金的使用都应该为企业创造最大的价值，财务团队还应该注重投资回报率的评估。在决策时，要权衡投资的成本和预期的效益，确保每项投资都能够为企业带来可观的回报。这可以经过制定绩效指标和监控投资项目的实际效果来实现。建立有效的财务监控系统也是确保成本控制和效益最大化的重要步骤。经过定期审查财务报表和监测关键指标，财务团队能够及时发现潜在的问题，并采取必要的纠正措施，以确保企业的财务健康。在初创阶段，每一分每一秒都显得格外珍贵。财务团队的职责就是在确保业务正常运营的前提下，经过成本控制和效益最大化，使有限的资金发挥最大的作用。这需要团队的智慧和灵活性，以应对不断变化的市场和业务环境。经过精准的成本控制和对效益的不断追求，企业可以在初创阶段建立起稳健的财务基础，为未来的发展奠定坚实的基础。

（三）融资渠道的选择

初创企业的成功往往离不开充足的资金支持。在财务战略中，选择合适的融资渠道是至关重要的一环。不同的融资方式有各自的利弊，财务团队需要仔细评估，并根据企业的状况和需求做出明智的决策。寻找投资者可能是初创企业融资的一种重要途径。投资者可以为企业提供资金，同时还可能带来经验、行业资源和战略支持。天使投资者通常是个人投资者，对初创企业的兴趣可能基于对创新和潜在回报的认可。与之相对，风险投资公司通常是专业的机构，对高增长潜力的企业感兴趣。在选择投资者时，企业需要与其价值观和目标相符，并确保投资者在企业成长过程中能够提供有益的帮助。另一种选择是参与创业孵化计划。孵化器和加速器提供了一个全面的支持体系，包括资金、导师指导、办公空间等。经过参与这些计划，初创企业可以获得更全面的支持，有助于提高成功的机会。然而，选择合适的孵化器同样需要考虑其与企业的匹配度，以及能否提供所需的资源和网络。参与初创公司融资活动也是一种常见的融资方式。这可能包括不同阶段的融资轮次，如种子轮融资、A 轮融资等。每个阶段都有不同的投资规模和要求，因此企业需要根据自身的发展阶段和计划选择合适的融资轮次。融资活动不仅提供了资金，还可以增强企业的知名度和吸引力。在评估不同融资选择的利弊时，财务团队需要全面考虑各方面因素。要明确资本需求，确保选择的融资方式足以支持企业当前和未来的发展计划。对股权结构的影响也是需要谨慎考虑的因素，以避免对创始团队权益造成不利的影响。了解潜在投资者的风险偏好和期望，选择与企业目标相符的融资方。在融资渠道的选择中，还要考虑融资方式是否与企业的战略对接，是否能够提供额外的价值和支持。确保选择的融资方式符合法规和合规要求，以避免未来可能的法律问题。综合考虑这些因素，财务团队可以更加明智地选择最适合企业需求的融资渠道。经过合理的融资战略，初创企业能够获得所需的资金支持，为业务的稳健发展打下坚实的基础。

（四）建立健全的财务体系

在初创企业的财务战略中，建立健全的财务体系是确保企业长远发展的关键步骤。一个有效的财务体系可以为企业提供准确、透明的财务信息，为决策提供支持，同时确保企业在法规和会计准则的框架内运作。建立准确的财务记录是财务体系的基石。财务团队需要确保每一笔交易都被正确地记录和分类。这包括收入、支出、资产和负债等方面的准确记录。经过建立规范的会计体系，企业可以随时了解自己的财务状况，为未来的决策提供可靠的数据支持。制定财务流程和政策是确保财务管理的一项重要措施。明确的流程和政策可以规范财务团队的操作，确保每个环节都按照既定标准和程序进行。这包括审批流程、报销政策、财务报告的制定等方面。经过建立规范的流程，可以降低财务风险，提高工作效率。选择适当的会计软件也是建立健全财务体系的关键一环。会计软件可以帮助企业更轻松地进行财务记录、报表生成和数据分析。选择适合企业规模和需求的会计软件，可以提高工作效率，减少人为错误，同时确保财务数据的安全性。在建立健全的财务体系时，法规和会计准则的遵循是不可忽视的因素。财务团队需要了解并遵守所在地区的法规和会计准则，确保企业的财务活动合法合规。这不仅有助于降低法律风险，还能够提升企业的信誉度。透明度是一个健全财务体系的关键特征。及时、清晰的财务报告可以帮助企业管理层了解企业的财务状况，做出明智的决策。透明的财务信息也有助于建立与投资者、合作伙伴和其他利益相关者的信任关系。经过建立准确的财务记录、制定财务流程和政策、选择适当的会计软件，以及遵循法规和会计准则，初创企业可以打造一个健全的财务体系。这将为企业提供可靠的财务基础，为未来的经营和发展奠定坚实的基础。在初创阶段，财务战略的成功执行直接关系到企业的生存和发展。经过精确的资金规划、成本控制、明智的融资选择以及健全的财务体系建设，企业能够更好地迎接初创阶段的挑战。

二、成长阶段的财务战略管理

在企业成长阶段，财务策略要注重支持业务扩张和市场拓展。这可能涉及到更多的资本投入、寻找新的融资渠道、建立合作伙伴关系。财务管理需要更灵活，关注资本结构的优化，以支持企业快速扩张。

（一）资本投入与业务扩张

在企业的成长阶段，资本投入与业务扩张成为财务战略的核心议题。更多的资本通常是业务扩张的必然需求，而财务团队的任务就是在确定何时以及如何进行资本投入时做出明智的决策，以确保资金的有效使用和最大程度的投资回报。财务团队需要仔细评估业务扩张的需求和目标。这可能包括购置新的生产设备、扩大市场份额、进入新的地理区域等。明确业务扩张的目标有助于确定所需的资本投入，并为财务决策提供清晰的方向。在资本投入的决策中，投资回报率是一个关键的考虑因素。财务团队需要分析投资项目的潜在回报，包括预期的收入增长、市场份额提升和利润增加等方面。确保投资项目的回报能够超过资本成本，为企业创造更大的价值。财务团队还需要考虑不同资本投入方式的优劣。是选择债务融资还是股权融资？还是采用混合的融资结构？每种方式都有其优缺点，财务团队需要根据企业的财务状况、风险承受能力和未来发展计划做出明智的选择。资本投入也需要与企业的长期战略和愿景相一致。确保资本投入与企业的核心价值观和长远目标相符，以避免短期利益和长期战略之间的冲突。财务团队还要注意风险管理方面的考虑。业务扩张往往伴随着一定的风险，包括市场风险、竞争风险和执行风险等。在资本投入决策中，要考虑这些风险，并采取相应的措施来降低潜在风险对企业的影响。定期的财务监控和绩效评估是确保资本投入成功的重要手段。经过监测投资项目的执行情况和实际效果，及时调整财务战略，确保资本的有效使用和最终的业务成功。在成长阶段，资本投入与业务扩张是企业发展的关键动力之一。经过明智的财务战略，企业可以更好地利用资本，实现业务扩张的目标，为未来的可持续发展打下坚实的基础。

（二）寻找新的融资渠道

在企业成长阶段，寻找新的融资渠道是为了满足不断增长的资本需求，支持业务扩张和发展。这一过程需要谨慎评估各种融资渠道的成本和风险，并选择最适合企业发展的方式，同时保持良好的融资关系。一种常见的融资渠道是寻找风险投资。风险投资者通常寻找有潜力、高增长的企业进行投资。在选择风险投资时，企业需要考虑投资者的经验、行业背景和对企业战略的理解。与投资者建立稳固的合作关系，除了提供资金外，还可能为企业提供战略指导和业务支持。另一种选择是申请贷款。这可以是从银行、金融机构或其他贷款机构获得资金。在选择贷款时，企业需要考虑利率、还款期限和贷款条件等因素。确保企业有足够的还款能力，以避免财务压力。发行债券是另一种融资渠道，尤其适用于规模较大的企业。债券是企业向投资者借款的一种形式，通常有固定的利息和到期日。企业需要评估债券市场的状况，以确定是否是一个合适的融资选择。还有一些创新的融资方式，如众筹、企业债务融资和私募股权融资等。这些方式可能更适用于特定行业或企业类型，需要根据实际情况进行仔细评估。在寻找新的融资渠道时，财务管理团队需要综合考虑多个因素。首先是资本需求，确保选择的融资方式能够满足企业当前和未来的发展计划。其次是成本和风险的评估，确保融资方式的成本可控，同时能够适应企业的风险承受能力。维护良好的融资关系也是至关重要的。与投资者、贷款机构或其他融资方建立透明、互信的合作关系，有助于未来获得更多的支持和合作机会。寻找新的融资渠道需要谨慎而全面的考虑。经过有效的财务管理，企业可以更好地利用不同的融资方式，支持自身的发展目标，为未来的成功奠定基础。

（三）资本结构的优化

资本结构的优化在企业扩张阶段变得尤为关键。这涉及到在债务和股权之间找到一个平衡，以最大化财务效益、降低资本成本，并确保企业在市场波动中能够保持足够的财务弹性。财务团队需要仔细评估企业当前的资本结构。这包括债务水平、股权比例以及其他资本组成的分析。经过了解当前资本结构的情况，财务团队可以制定更具针对性的优化策略。在考虑债务和股权比例时，需要综合考虑多个因素。债务通常具有较低的成本，但也伴随着偿还利息和本金的责任。股权则意味着对公司的一定程度的所有权让渡，但在经济好转时可能带来更大的回报。财务团队需要在这两者之间找到一个平衡，以最大程度地满足企业的融资需求。考虑市场波动时，财务弹性成为资本结构优化的关键因素。确保企业有足够的财务灵活性，能够适应市场的变化和挑战。这可能包括灵活的贷款条款、适度的储备资金和其他财务工具的利用，以保持企业在不确定环境中的稳健性。考虑到资本结构的优化也需要与企业的战略和目标相一致。一些企业可能更偏向于使用债务进行资本结构优化，以降低成本并提高杠杆效应。而另一些企业可能更注重股权融资，以保持更大的控制权和灵活性。在实施资本结构优化时，财务团队还应该注重投资者关系的管理。与投资者保持透明的沟通，解释资本结构优化的理由和潜在好处，有助于维护良好的关系，并获得投资者的理解和支持。资本结构的优化是一个动态过程，需要不断地监测和调整。市场和行业条件的变化可能影响到最佳的资本结构，因此财务团队需要灵活地适应变化，并随时优化资本结构以满足企业的长期战略目标。经过有效的资本结构优化，企业可以更好地利用资本，提高财务效益，增加财务灵活性，为业务的健康发展提供有力的支持。

（四）建立合作伙伴关系

在企业成长阶段，建立合作伙伴关系是推动业务拓展的关键因素。财务战略需要考虑与供应商、客户和其他合作伙伴的合作方式，以促进业务的协同发展。财务团队在这一过程中扮演着重要的角色，需要参与合作协议的谈判，确保合作对企业财务利益的最大化。与供应商建立良好的合作关系对于确保原材料供应、降低采购成本至关重要。财务团队可以经过谈判合理的价格、优化付款条件和建立稳定的供应链来实现与供应商的合作。评估供应商的财务稳定性和可靠性，以减少潜在的风险。与客户的合作也是财务战略中的关键考虑因素。建立紧密的客户关系有助于增加销售、提高客户忠诚度。财务团队可以经过制定灵活的付款方案、提供财务支持或优惠政策等方式，与客户建立互利共赢的关系。要确保客户的信用状况和付款能力，以降低逾期付款的风险。在选择合作伙伴时，也需要考虑战略的一致性。合作伙伴关系应该符合企业的长期战略目标，有助于共同推动业务的发展。财务团队需要与业务发展团队协作，确保合作伙伴的选择不仅在战略上匹配，也能够实现财务上的双赢。财务团队在合作协议的谈判中扮演着关键的角色。他们需要确保协议中包含有利于企业的财务条款，如合理的分成结构、清晰的付款条件、风险分担机制等。经过谨慎的合同谈判，财务团队可以最大化企业在合作中的利益。建立合作伙伴关系也需要有效的合作协调和沟通。财务团队可以经过制定透明的财务报告、及时的支付和收款流程等方式，增强与合作伙伴的信任和合作效率。建立合作伙伴关系是企业成长阶段不可或缺的一部分。经过财务团队的积极参与，企业可以建立稳健的合作基础，推动业务的协同发展，实现共同的成功。

在成长阶段，财务战略的灵活性和战略性变得尤为重要。经过明智的资本投入、巧妙的融资选择、资本结构的优化和有效的合作伙伴关系建立，企业可以更好地应对成长阶段的挑战和机遇。

三、成熟阶段的财务战略管理

成熟阶段的企业财务策略的重点可能转向盈利能力和资本回报。此时，财务管理要注重利润增长、现金流管理，可能会考虑股息支付或股票回购等回报股东的方式。此阶段还可能涉及到并购活动，以进一步拓展业务。

(一) 盈利能力的优化

在企业进入成熟阶段，盈利能力的优化成为财务战略的核心。为实现这一目标，财务团队需要集中精力优化业务模型，找到降低成本、提高利润的机会。这可能包括提高产品或服务的定价、改进生产效率，以确保企业在市场中保持竞争力。优化产品或服务的定价是盈利能力提升的一项关键策略。财务团队需要进行市场定价分析，了解竞争对手的价格策略以及市场对产品价值的感知。经过调整定价策略，企业可以更好地反映产品或服务的价值，最大限度地提高销售收入。改进生产效率也是优化盈利能力的关键步骤。财务团队可以与生产团队合作，寻找降低生产成本、提高生产效率的方法。这可能包括采用先进的生产技术、优化供应链管理，以及提高员工效率。经过降低生产成本，企业可以在不降低产品或服务质量的前提下提高利润水平。财务团队还可以经过优化企业的费用结构来增强盈利能力。审查和精简不必要的开支，寻找节约成本的机会。这可能包括重新谈判供应商合同、优化运营流程，以及采用更有效的成本管理方法。寻找新的收入来源也是盈利能力优化的一部分。财务团队可以评估市场的需求，考虑推出新的产品或服务，以扩大企业的业务范围并增加收入。这可能包括产品创新、拓展目标市场，或是提供附加值的服务。在执行这些策略时，财务团队需要注重平衡，确保在提高盈利能力的同时，不影响产品或服务的质量和客户满意度。综合考虑市场因素、内部运营和财务指标，制定综合的盈利优化战略。财务团队还可以经过制定明晰的绩效指标和监控系统，实时追踪企业的盈利能力。这有助于及时发现问题、调整战略，并确保企业能够灵活适应市场变化，持续提升盈利水平。经过细致的财务规划和战略执行，企业可以在成熟阶段优化盈利能力，实现可持续的商业成功。

（二）现金流管理的重要性

在企业进入成熟阶段，现金流管理变得尤为重要。确保有足够的资金支持日常运营和未来的投资成为财务战略的核心。这可能包括优化资金周转周期、有效应对账款和账单管理，以确保企业拥有稳健的现金流状况。优化资金周转周期是现金流管理的关键步骤之一。财务团队可以经过缩短库存周期、延长账款周期和延长账单支付周期来加速资金周转。这有助于降低资本占用，提高现金流的流动性，确保企业能够及时应对日常开支和投资需求。有效应对账款和账单管理也是现金流管理中的关键方面。财务团队可以采用积极的账款策略，例如提前收款或采用折扣促销，以加速账款回收。对账单支付的管理也需要谨慎，确保在合理期限内支付账单，避免逾期费用和信用风险。财务团队可以考虑采用财务工具，如短期融资、信用保险等，以缓解潜在的现金流压力。这些工具可以提供额外的流动性支持，确保企业在需要时能够获得足够的资金。在现金流管理中，财务团队还需要定期进行现金流预测和分析。经过预测未来的现金流状况，企业可以更好地规划和管理资金，预防潜在的现金短缺问题。这有助于制定及时的财务决策，确保企业的财务稳健。财务团队还可以考虑建立紧密的关系与银行和其他金融机构，以确保获得必要的融资支持。这可能包括建立透明的沟通机制、提供准确的财务信息，以增强金融机构对企业信用的信任，更容易获得融资。现金流管理在成熟阶段对企业的稳健经营至关重要。经过优化资金周转周期、有效应对账款和账单管理，以及利用适当的财务工具，企业可以确保稳定的现金流状况，支持日常运营和未来的投资，为可持续的发展奠定基础。

（三）股息支付与股票回购

在企业进入成熟阶段，股息支付和股票回购成为财务战略中的重要议题。企业通常考虑将盈利回报给股东，财务团队需要制定明智的股息政策，以平衡回报股东与保持足够的现金用于投资和未来增长。股票回购也是一种常见的财务战略，有助于提高每股股价和提升股东价值。股息支付是一种回报股东的方式，对于吸引投资者、提高公司股票的吸引力有着重要作用。财务团队需要审慎制定股息政策，考虑企业的盈利水平、未来的资本需求和行业标准。确保股息支付能够吸引投资者，同时不损害企业的财务稳健性。股票回购是企业购买自己的股票，通常是从公开市场购回。这种财务战略的目标包括提高每股股价、减少流通股份、增加股东价值。财务团队需要仔细评估股票回购的时机和规模，确保这一举措是对公司和股东都有利的。通常情况下，股票回购是在公司股价被低估时较为有利。在制定股息支付和股票回购政策时，财务团队还需要考虑公司的财务状况、债务水平和未来的投资计划。确保回报股东的同时，保持足够的现金用于公司的运营和未来的增长是至关重要的。财务团队还应该注意与投资者的沟通。透明度和及时的沟通可以帮助投资者更好地理解公司的财务决策，增加对公司的信任。考虑到市场的波动和变化，财务团队需要灵活地调整股息支付和股票回购策略，以适应不断变化的商业环境。股息支付和股票回购是成熟阶段企业财务战略中的两个重要方面。经过明智的决策，企业可以平衡回报股东和保持财务健康，提高股东价值，为长期的稳健增长奠定基础。

（四）并购活动的策略性考虑

在成熟阶段，企业经过并购活动来拓展业务、增加市场份额是一种常见的战略。

财务团队在并购活动中扮演着关键的角色，需要参与并购的策略制定，包括评估目标公司的财务状况、风险和收益。需要制定合理的融资计划，确保并购活动对企业长期价值的增长。财务团队需要进行全面的尽职调查，评估目标公司的财务健康状况。这包括审查目标公司的财务报表、经营业绩、债务水平以及其他重要的财务指标。确保目标公司与企业的战略目标和财务状况相匹配是确保并购成功的关键。除了财务方面，财务团队还需要考虑目标公司的战略和文化是否与企业相符。一致性的战略和文化有助于确保并购后的整合顺利进行，减少潜在的冲突和问题。在制定融资计划时，财务团队需要考虑不同的融资方式，包括现金支付、股票交换、债务融资等。选择合适的融资方式需要综合考虑企业的财务状况、债务容忍度以及市场条件。确保融资计划能够支持并购活动，并最大化股东价值。财务团队还需要评估并购的风险，并制定相应的风险管理策略。这可能包括合同条款的谈判、保险的购买，以及规划合理的退出策略。预先识别潜在的风险有助于降低并购活动的不确定性。财务团队还要与法务、战略规划和业务发展团队紧密合作，确保所有方面的考虑都得到充分的整合。协同合作有助于提高并购活动的成功率，并确保整个过程的顺利进行。财务团队需要在并购完成后进行后续的财务管理和整合工作。这包括合并财务系统、整合财务流程、管理合并后的债务结构等。确保并购后的企业能够实现协同效应，最大化整体价值。在成熟阶段的并购活动中，财务团队的战略性考虑至关重要。经过全面的尽职调查、合理的融资计划和有效的风险管理，企业可以实现并购的战略目标，为长期的增长和竞争优势奠定基础。

成熟阶段的财务战略需要更加注重企业的盈利能力和长期价值的创造。经过精细的盈利优化、现金流管理、股息支付和股票回购决策以及明智的并购战略，企业能够在成熟市场中保持竞争力和可持续性。

四、衰退阶段的财务战略管理

当企业面临衰退阶段时，财务策略可能需要更加保守。财务管理要注重降低成本、清理不良资产，可能需要调整经营模式或退出不盈利的业务。保持足够的流动性和财务稳健性是关键。

（一）成本降低与效率提升

在衰退阶段，成本降低与效率提升成为企业财务战略的首要任务。在这个阶段，财务团队需要经过审查各项开支，制定有效的成本削减计划，以提升企业的经营效率。这可能包括裁员、优化供应链、减少不必要的开支等手段，以确保企业在困难时期能够保持财务健康。财务团队需要仔细审查企业的各项费用，并识别潜在的成本降低机会。这可能包括在人力资源方面的考虑，如裁员或减薪，以及在运营方面的优化，如减少库存、合理谈判供应商价格等。审查开支的同时，也需要考虑对业务的影响，确保成本削减不会影响到核心运营和服务质量。裁员可能是成本降低的一项举措，但需要谨慎考虑，以避免对员工士气和企业文化的负面影响。财务团队在制定裁员计划时，应考虑公平和透明原则，与员工沟通并提供支持措施，以减缓裁员可能带来的社会和组织影响。另一个关键的方面是优化供应链和采购流程。财务团队可以经过重新谈判供应商合同、优化库存管理和降低采购成本，实现供应链的成本效益提升。这有助于确保企业在供应链上具有更大的灵活性和可控性。减少不必要的开支也是财务战略的一部分。企业可能需要审查各个部门的开支，削减不必要的费用和支出，如取消不紧急的项目、暂停非关键性的培训计划等。这有助于保护企业的现金流，确保资金能够用于最重要的方面。在执行成本降低计划时，财务团队需要密切监控和评估其效果。这包括定期的财务报告和绩效指标的跟踪，以确保成本削减措施能够实现预期的效果，并及时调整战略以适应市场的变化。成本降低与效率提升是企业在衰退阶段应采取的关键财务策略。经过审慎的成本管理和效率提升，企业可以更好地应对市场的挑战，确保在困难时期保持财务稳健。

（二）清理不良资产和债务

在衰退阶段，企业需要审视资产负债表，采取清理不良资产和不必要债务的措施。这一财务战略旨在经过出售低效资产、减少不良债务，减轻企业负担，关注资本结构的优化，以确保企业有足够的流动性来应对挑战。清理不良资产是财务战略中的重要步骤。企业可以审查资产负债表，识别低效或不产生良好回报的资产，并考虑出售或处置这些资产。这有助于释放资金，并降低企业的运营成本，提高资产回报率。清理不必要的债务也是关键的财务战略。企业可能需要审查债务结构，减少高成本、不必要的债务负担。这可以经过重新谈判债务条款、寻找更有利的融资方式或者提前偿还部分债务来实现。清理不必要的债务有助于减轻企业财务负担，提高财务灵活性。在执行这一战略时，财务团队需要谨慎评估每项资产和债务，确保清理的决策符合企业的长期战略目标。要注意市场的变化和竞争环境，以适应不断变化的经济条件。资本结构的优化也是清理不良资产和债务的一部分。财务团队需要考虑债务和股权的比例，以降低资本成本并确保足够的财务弹性。在优化资本结构时，需要平衡降低财务风险和保持足够的流动性之间的关系。财务团队还可以探索与债权人的合作，协商债务重组或延期付款等安排，以减轻短期财务压力。这需要建立良好的沟通渠道，与债权人共同寻找解决方案，维护良好的合作关系。在清理不良资产和债务的过程中，财务团队还需要密切监控企业的流动性和财务状况。及时的财务报告和绩效指标的跟踪有助于确保清理措施的有效实施，并为未来的财务决策提供基础。清理不良资产和债务是企业在衰退阶段应采取的关键财务策略。经过优化资产负债表、降低债务负担，企业可以增强财务健康，更好地适应经济衰退的挑战。

（三）经营模式调整

在衰退阶段，财务战略可能需要考虑调整企业的经营模式，以适应市场的变化。这一调整可以包括寻找新的收入来源、转型到更具竞争力的业务领域，或者放弃不盈利的业务。经过调整经营模式，企业能够更好地适应市场需求，保持竞争力。寻找新的收入来源是调整经营模式的一项关键举措。财务团队可以与市场团队密切合作，分析市场趋势，了解客户需求，并寻找新的产品或服务机会。这可能包括产品创新、拓展目标市场，或者提供附加值的服务，以创造新的营收来源。转型到更具竞争力的业务领域也是一种常见的经营模式调整策略。企业可以评估自身的核心竞争力，并考虑进入更有利可图的业务领域。这可能涉及到战略合作、收购或合并，以增强企业的市场地位和盈利潜力。放弃不盈利的业务也是调整经营模式的一项重要决策。财务团队需要评估各个业务领域的盈利能力，并考虑关闭或出售那些不符合长期战略目标的业务。这有助于集中资源和精力，提高企业整体的盈利水平。在经营模式调整的过程中，财务团队需要制定详细的实施计划，考虑到各种因素，如人力资源、技术支持和市场推广。与其他部门的紧密协作也是确保调整成功的关键因素，确保整个组织对变化有清晰的认识，并共同努力实现新的经营目标。财务团队还需要关注风险管理和财务可行性。在调整经营模式时，可能伴随着一定的风险和不确定性。财务团队需要制定应对计划，确保企业能够在变革过程中保持财务稳健，避免过度依赖于短期的盈利目标。调整经营模式是企业在衰退阶段应采取的重要财务战略之一。经过寻找新的收入来源、转型到更具竞争力的业务领域，或者放弃不盈利的业务，企业能够更好地适应市场的变化，保持业务的可持续性。

（四）保持流动性和财务稳健性

在衰退阶段，保持足够的流动性和财务稳健性是企业财务战略的关键。在面对可能的财务压力时，财务团队需要确保企业有足够的现金储备，以应对困难时期。财务团队可以考虑重新谈判与供应商的支付条件。延长支付周期、寻求折扣或协商灵活的付款安排，可以帮助企业缓解短期的现金流压力，提高流动性。财务团队还可以探索临时性的融资方式，以确保企业有足够的资金支持。这可能包括申请短期贷款、利用信用线或者寻求其他临时性的融资工具。确保融资计划符合企业的财务状况和未来的还款能力是至关重要的。财务团队还应该加强对现金流的管理。优化资金周转周期、加强账款和账单管理，都是保持流动性的重要手段。及时追踪和管理现金流，有助于预测未来的资金需求，并采取相应的措施保持财务稳健性。在制定流动性管理策略时，财务团队需要全面考虑企业的财务结构和行业特征。不同行业可能面临不同的挑战，因此财务团队需要灵活调整战略，以适应特定的市场条件。财务团队还应该关注政府支持和援助措施。在一些国家或地区，政府可能提供财政援助、贷款担保或其他支持措施，帮助企业渡过难关。财务团队需要及时了解并利用这些支持措施，以增强企业的财务抗风险能力。保持流动性和财务稳健性是企业在衰退阶段的首要任务之一。经过谨慎的财务规划、灵活的融资手段和及时的现金流管理，企业可以更好地应对市场不确定性，确保在困难时期保持财务健康。在衰退阶段，财务战略的核心目标是确保企业能够生存并为未来做好准备。经过成本控制、清理不良资产、灵活调整经营模式和保持财务稳健性，企业可以更好地应对市场的挑战。

五、再生阶段的财务战略管理

若企业能够成功实施再生策略，财务策略将重点放在重建品牌、重新定位市场，可能需要投资于创新和市场营销。此阶段的财务管理要求灵活性和敏锐度，以应对市场变化和恢复企业竞争力。

（一）品牌重建与市场定位

在再生阶段，财务战略需要注重品牌的重建和市场定位的重新规划。财务团队可能需要投入资金用于品牌营销、广告宣传，以塑造企业新的形象。重新定位市场战略，识别和满足新的市场需求。品牌重建是再生阶段的关键任务之一。财务团队可能需要投资于品牌营销活动，包括广告、促销、公关等，以提升品牌知名度和形象。这有助于重新建立消费者对企业的信任和认可，为企业赢得市场份额奠定基础。品牌重建还可能涉及产品或服务的改进和创新。财务团队需要评估投资于研发和创新的成本，并确保这些投资能够为品牌带来可持续的竞争优势。这有助于满足消费者对新颖、高品质产品或服务的需求，提高市场吸引力。重新规划市场定位是再生阶段的另一个重要任务。财务团队需要参与制定和执行新的市场战略，以适应行业和市场的变化。这可能包括调整目标市场、重新定位产品定位、优化渠道策略等。市场定位的重新规划还需要考虑竞争环境和消费者趋势。财务团队可以经过市场研究和数据分析，深入了解目标市场的需求和竞争格局，以指导企业的市场定位战略。在进行品牌重建和市场定位的过程中，财务团队需要确保投资的有效性和回报。这可能涉及到制定明确的目标和指标，监控品牌建设和市场表现，并及时调整策略以适应市场反馈和变化。财务团队还需要审慎管理预算，确保品牌重建和市场定位的投资在财务可行性范围内，并能够为企业带来长期价值。品牌重建和市场定位的财务战略在再生阶段是至关重要的。经过有针对性的投资和明智的财务规划，企业可以在市场竞争中重新崭露头角，实现再生和发展。

（二）投资于创新和研发

在再生阶段，企业可能需要加大对创新和研发的投资，以推出新的产品或服务。财务战略在这一过程中需要确保有足够的资金支持创新项目，并评估其长期收益，以提高企业的竞争力，并满足市场对创新的需求。财务团队需要与研发部门密切合作，共同制定创新和研发投资计划。这可能包括资金用于人才招聘、技术设备更新、实验室建设等方面，以支持创新项目的顺利进行。财务团队在制定预算和分配资金时，需要确保对关键项目的充分支持，同时保持财务的稳健性。财务团队需要进行创新项目的成本与效益评估。这包括对投资回报率、项目风险、市场潜力等方面的综合评估。经过科学的财务分析，财务团队可以帮助企业筛选和优化创新项目，确保投资的最大效益。在投资于创新和研发时，财务团队还需要考虑可能的合作与联盟。与行业合作伙伴、研究机构或初创公司的合作可以降低创新投资的风险，共享资源和知识，提高项目的成功概率。财务团队需要评估合作的成本和收益，确保合作关系对企业的长期利益有积极影响。财务团队在进行创新和研发投资时，需要注重长期规划。创新项目通常需要一定的时间来达到商业化和盈利阶段，财务团队需要在规划中考虑长期投资的资金需求，并确保企业在创新过程中保持财务的稳健性。财务团队还需要注重知识产权的管理。保护创新项目的知识产权对企业长期的竞争力至关重要。财务团队可以与法务团队协作，确保知识产权的合法保护，为企业的创新提供持续的竞争优势。投资于创新和研发是再生阶段企业财务战略的重要组成部分。经过科学的财务规划和有效的项目管理，企业可以实现创新的持续发展，提升竞争力，适应市场的需求变化。

（三）市场营销和推广活动

在再生阶段，财务管理需要支持市场营销和推广活动。投资于有效的市场营销策略，包括数字营销、社交媒体宣传等，有助于重新吸引消费者的注意，并提升企业的市场份额。财务团队需要确保这些活动在预算范围内，并产生可衡量的效果。财务团队需要与市场营销团队密切协作，制定有效的市场营销策略。这可能涉及到广告、促销、公关等多个方面的投资。财务团队在预算制定时，需要综合考虑各种营销活动的成本和预期效益，确保投资的合理性和效果的可衡量性。数字营销和社交媒体宣传是再生阶段市场推广的重要组成部分。这包括在线广告、搜索引擎优化、社交媒体推广等。财务团队需要确保数字营销活动的预算合理，并在实施过程中密切监控投资回报率。有效的数字营销可以帮助企业更精准地接触目标受众，提高品牌曝光度。财务团队还需要关注推广活动的效果评估。经过设定明确的指标和关键绩效指标，财务团队可以帮助企业监控市场推广活动的效果，并及时调整战略。这有助于确保投资产生预期的市场回应，提高品牌知名度和认可度。在进行市场推广活动时，财务团队还可以考虑与合作伙伴建立战略性的合作关系。联合推广、共同举办活动，可以帮助企业降低营销成本，拓展受众范围。财务团队需要评估合作的成本与收益，确保合作关系对企业的财务利益有积极影响。市场营销和推广活动是再生阶段企业重塑品牌形象、吸引消费者关注的重要手段。经过合理的财务规划和有效的投资管理，企业可以在市场中重新树立自己的位置，实现品牌的再生和发展。

（四）财务灵活性与风险管理

在再生阶段，企业需要具备财务灵活性，以应对市场变化和不确定性。财务战略要求灵活调整预算，及时应对风险，并确保投资项目的回报。财务团队需要在支持企业再生的同时，保持对财务风险的敏感性。财务团队需要确保企业的预算具有一定的灵活性。在市场变化较大或不确定性较高的情况下，财务团队可能需要频繁调整预算分配，以适应新的市场条件。这要求财务团队密切关注市场趋势和企业内部表现，及时作出调整，确保资源的有效利用。风险管理是再生阶段财务战略的重要组成部分。财务团队需要对潜在的风险因素进行全面评估，包括市场风险、供应链风险、财务风险等。建立有效的风险管理机制，制定相应的风险对策，有助于企业更好地应对变化和挑战，减轻可能的财务损失。财务团队在支持企业再生的过程中需要审慎管理投资项目。确保投资项目符合企业战略目标，评估项目的长期回报，避免过度依赖短期收益。财务团队需要对投资项目进行全面的财务分析，确保其对企业的财务健康和长期发展具有积极影响。财务团队还可以考虑使用财务工具，如保险、金融衍生品等，来规避一些财务风险。选择适当的财务工具可以帮助企业在面对市场波动时保持财务的稳健性。在执行财务战略时，财务团队需要与其他部门密切协作，共同应对市场变化和风险挑战。与市场团队、运营团队的紧密合作，有助于更全面地了解市场需求和企业内部状况，更有效地制定和执行财务战略。再生阶段的企业财务战略需要注重灵活性和风险管理。经过灵活调整预算、及时应对风险、确保投资项目的回报，企业可以更好地适应市场的变化，实现再生和可持续发展。企业生命周期中的不同阶段，财务战略需根据企业的具体情况进行调整和优化，以支持企业在各个阶段的目标和需求。

第二节　企业财务预算的内容及人员岗位配置

一、预算编制的基本内容

财务预算作为企业规划和控制财务活动的关键工具，其编制涉及多个方面的内容，以确保企业在未来经济活动中能够有效运作和实现财务目标。销售预测是整个预算的核心。销售预测涉及对未来销售额的估计，需要考虑市场趋势、竞争状况、产品需求等因素。准确的销售预测是其他预算部分的基础，直接影响到企业的收入规模和盈利能力。企业可以经过市场研究、历史销售数据等方式进行销售预测，以制定可行的财务计划。成本估算是财务预算中的重要环节。成本估算包括了生产、运营、销售等各个方面的成本，如原材料成本、人工成本、销售费用等。经过对成本的详细估算，企业可以更好地了解生产经营的实际状况，有助于决策制定合理的定价策略，确保产品或服务的盈利能力。资本支出也是财务预算中不可忽视的一部分。企业在未来可能需要进行的投资和资本支出，如购置设备、扩大生产能力、升级技术等，都需要在预算中进行规划和估算。这有助于确保企业在实现长期发展目标的同时，合理利用资本投入。现金流预测是保障企业财务健康的关键环节。经过对每个时间段内的现金流入和流出进行估算，企业可以及时发现并应对潜在的流动性问题，确保有足够的现金储备来应对日常运营和投资需求。现金流预测包括营运资金的管理，对企业的经营活动起到至关重要的支持作用。财务预算的全面性还涵盖了利润与损益预测。经过对销售收入和各项成本的预测，企业可以得出净利润，帮助企业评估经营绩效，及时调整经营策略。这对企业进行长期规划和绩效评估具有重要作用。预算编制还需要关注资产和负债的管理。考虑企业的资产增长和负债偿还计划，有助于保持企业财务结构的平衡，提高财务稳健性。预算的编制需要灵活性考虑。未来可能出现的不确定性和变化需要在预算中建立灵活性，使企业能够及时作出调整应对市场的变化。经过全面考虑以上方面的内容，企业可以制定出符合实际情况的财务预算，为未来的经营活动提供有效的指导和规划，实现经济效益的最大化。

二、人员成本与薪酬预算

人员成本与薪酬预算在财务预算中占据着重要的位置。这一方面的支出不仅直接关系到企业的经济状况，还对员工的激励和企业文化产生深远影响。在编制这一部分的预算时，需要仔细考虑各个方面的开支，并确保与企业的财务目标和人力资源策略相一致。薪酬预算的核心是员工薪资。在制定员工薪资的预算时，企业需要考虑市场薪酬水平、员工的工作表现、职务层级等因素。与人力资源部门密切协作，确保薪资水平既能够吸引和留住优秀的人才，又不会超过企业的财务承受范围。透明、公平的薪酬体系有助于维护员工的满意度和激励度。薪酬预算还需要考虑福利待遇。福利包括但不限于员工保险、医疗福利、退休计划等。企业需要根据法规和员工需求，以及企业自身的财务状况，合理规划福利开支。这有助于提高员工的生活质量，同时在招聘和保留人才方面具有竞争力。培训成本也是薪酬预算的一部分。企业需要投入一定的资源用于员工的培训和发展，以提高他们的工作技能和适应能力。培训预算的设定应当符合企业的发展战略，确保员工具备应对未来业务挑战的能力。合理的培训预算也有助于提高员工的工作满意度和忠诚度。在与人力资源部门合作的过程中，财务团队需要确保薪酬预算的合理性和可执行性。这可能包括对各项薪酬组成的调研、市场薪资水平的比较分析、员工绩效的评估等。经过与人力资源紧密合作，财务团队可以更好地了解员工的需求和市场趋势，制定更具前瞻性和可持续性的薪酬预算。薪酬预算的制定也需要考虑企业的财务状况和经济环境的变化。在经济不稳定或企业财务压力较大时，可能需要对薪酬预算进行调整，以适应新的情况。财务团队需要在保持企业财务健康的前提下，灵活调整薪酬预算，确保企业能够在变化的市场中持续运营。人员成本与薪酬预算的制定是一项涉及多方面因素的复杂任务。经过综合考虑员工薪资、福利、培训等方面的开支，与人力资源部门紧密协作，财务团队可以制定出符合企业战略和财务目标的薪酬预算，既能够吸引和激励员工，又不失为企业的长期可持续发展打下坚实基础。

三、资本支出与投资计划

人员成本与薪酬预算在财务预算中占据着重要的位置。这一方面的支出不仅直接关系到企业的经济状况，还对员工的激励和企业文化产生深远影响。在编制这一部分的预算时，需要仔细考虑各个方面的开支，并确保与企业的财务目标和人力资源策略相一致。薪酬预算的核心是员工薪资。在制定员工薪资的预算时，企业需要考虑市场薪酬水平、员工的工作表现、职务层级等因素。与人力资源部门密切协作，确保薪资水平既能够吸引和留住优秀的人才，又不会超过企业的财务承受范围。透明、公平的薪酬体系有助于维护员工的满意度和激励度。薪酬预算还需要考虑福利待遇。福利包括但不限于员工保险、医疗福利、退休计划等。企业需要根据法规和员工需求，以及企业自身的财务状况，合理规划福利开支。这有助于提高员工的生活质量，同时在招聘和保留人才方面具有竞争力。培训成本也是薪酬预算的一部分。企业需要投入一定的资源用于员工的培训和发展，以提高他们的工作技能和适应能力。培训预算的设定应当符合企业的发展战略，确保员工具备应对未来业务挑战的能力。合理的培训预算也有助于提高员工的工作满意度和忠诚度。在与人力资源部门合作的过程中，财务团队需要确保薪酬预算的合理性和可执行性。这可能包括对各项薪酬组成的调研、市场薪资水平的比较分析、员工绩效的评估等。经过与人力资源紧密合作，财务团队可以更好地了解员工的需求和市场趋势，制定更具前瞻性和可持续性的薪酬预算。薪酬预算的制定也需要考虑企业的财务状况和经济环境的变化。在经济不稳定或企业财务压力较大时，可能需要对薪酬预算进行调整，以适应新的情况。财务团队需要在保持企业财务健康的前提下，灵活调整薪酬预算，确保企业能够在变化的市场中持续运营。人员成本与薪酬预算的制定是一项涉及多方面因素的复杂任务。经过综合考虑员工薪资、福利、培训等方面的开支，与人力资源部门紧密协作，财务团队可以制定出符合企业战略和财务目标的薪酬预算，既能够吸引和激励员工，又不失为企业的长期可持续发展打下坚实基础。

四、费用预算与成本控制

费用预算与成本控制在企业管理中起着至关重要的作用。预算制定是企业规划和控制的关键环节，而费用预算则是预算体系中的一个重要组成部分，涵盖了诸如行政费用、销售费用、研发费用等多个方面。在这个过程中，企业需要全面考虑运营需求和财务承受能力，确保预算的科学性和可行性。行政费用是企业正常运营不可或缺的一部分，包括人力资源管理、办公设备、办公用品等方面的支出。在费用预算中，企业需要明确各项行政费用的预期支出，并制定合理的管理策略，以确保资源的充分利用和成本的有效控制。例如，经过优化人力结构、提高工作效率，企业可以在不影响正常运营的前提下降低行政费用的支出。销售费用是企业推动产品销售的关键支出。在费用预算中，企业需要合理评估销售活动的成本，并确保投入与产出相匹配。有效的成本控制策略包括制定明确的销售目标、优化销售渠道、提高销售团队的绩效等方面。经过精细管理销售费用，企业可以提高销售效益，实现更好的盈利水平。研发费用是企业创新和未来发展的支柱。在费用预算中，企业需要谨慎制定研发计划，明确研发项目的预算需求，并确保研发投入的有效性。成本控制的策略包括评估研发项目的风险和回报，优化研发流程，确保研发资源的合理配置。经过科学而有针对性的研发费用管理，企业能够在技术创新方面保持竞争优势，推动业务不断发展。综上所述，费用预算与成本控制是企业管理中不可或缺的环节，直接关系到企业的盈利能力和可持续发展。企业应该经过合理的预算制定和成本控制策略，实现费用的有效管理，提高资源利用效率，取得更好的经济效益和市场竞争力。费用预算不仅是财务管理的工具，更是企业成功的关键之一。

五、现金流预测与流动性管理

现金流预测和流动性管理对企业的稳健运营至关重要。经过有效的现金流预测，企业能够及时洞察资金变动情况，采取相应的措施，避免资金紧张和流动性危机。流动性管理则是确保企业能够随时满足短期债务和运营资金需求的关键手段。现金流预测需要考虑到各种经营活动、投资活动和筹资活动的影响。在经营活动中，包括销售收入、采购支出、工资支付等，都会对现金流产生影响。在投资活动中，如资本支出、投资项目等也需被纳入考虑。筹资活动如债务融资、股权融资等也对现金流产生直接影响。经过综合考虑这些因素，企业可以制定准确的现金流预测，为未来的资金需求提前做好准备。流动性管理涉及到资金的调配和优化。企业需要确保在不同时间点有足够的流动性，以应对突发资金需求或市场变化。有效的流动性管理包括合理管理库存水平、优化账款和账款的周转周期、制定灵活的融资计划等。企业还可以经过建立紧密的合作关系，如与供应商和客户的协调支付和收款条件，以优化流动性状况。财务团队和资金管理部门的协同工作是确保现金流预测准确性和流动性的关键。信息共享和及时沟通有助于更准确地预测资金流动情况，采取更有针对性的流动性管理策略。采用先进的财务工具和技术也能够提高现金流预测的准确性和流动性管理的效率。现金流预测与流动性管理是财务预算的重要组成部分，直接关系到企业的资金安全和健康经营。经过科学合理的现金流预测和灵活有效的流动性管理，企业能够更好地应对外部环境的变化，确保资金的稳健运作，提高企业的抗风险能力和持续发展能力。

第三节　企业财务预算管理表格

一、预算目标的设定

预算目标的设定是企业财务预算管理的基础，是引导企业各部门和团队行动的指导方针。这一过程需要全面考虑企业整体战略、市场环境和内部资源情况，确保目标的设定既具有挑战性又是可实现的。财务目标的设定是财务预算的核心。企业可以制定具体的财务目标，如盈利水平、现金流状况、资产负债表的健康状况等。这些目标应当与企业的长期战略和短期经营计划相一致，以确保财务预算的有效支持业务发展。销售目标的设定是财务预算中至关重要的一环。经过明确销售目标，企业可以更好地规划市场推广和销售策略，确保销售收入的实现。销售目标的设定应考虑市场需求、竞争状况以及企业自身的销售能力，以实现合理而可行的销售预期。成本控制目标的设定是财务预算的另一关键点。企业需要设定合理的成本控制目标，确保各项费用的支出在可控范围内。成本控制目标的设定应当结合业务规模、市场竞争和财务状况，采取有效的管理措施，降低不必要的开支，提高企业的盈利能力。预算目标的设定需要与各部门和团队的实际情况相结合，形成整体协同的效果。目标的设定应当具体、可量化，并考虑到各项目标之间的协同关系。目标设定过程中需要充分沟通和协商，确保各级管理人员和员工对目标的理解和认同，增强整体团队的凝聚力和执行力。预算目标的设定是企业财务预算管理的第一步，直接关系到整个预算体系的有效性和实施效果。经过科学合理的目标设定，企业可以更好地引导资源配置，提高经营效益，实现长期可持续发展。

二、收入预测与制定销售计划

收入预测与销售计划是财务预算中至关重要的一环，直接关系到企业的经济效益和盈利能力。经过详细列出产品或服务的销售预期、定价策略和销售渠道等信息，企业可以更精确地预测收入，并制定有效的销售计划。销售预期的设定需要考虑市场需求、竞争状况以及产品或服务的特点。企业可以分析市场趋势和消费者需求，制定合理的销售目标。销售预期应当具体、可量化，并结合产品生命周期和市场份额的变化，以实现更精准的收入预测。定价策略的制定是销售计划中的重要一环。企业需要考虑产品或服务的成本、市场定位、竞争对手的价格水平等因素，制定合理的定价策略。定价应当既能够覆盖成本，保障盈利，又要符合市场的价格敏感度，以确保产品或服务在市场中有竞争力。销售渠道的选择也直接影响到销售计划的实施效果。企业可以根据产品的性质和市场需求选择适当的销售渠道，包括直销、代理商、电商平台等。合理配置销售渠道有助于拓展市场份额，提高销售效益。在收入预测和销售计划的制定过程中，企业还需要考虑季节性变化、市场营销活动的影响等因素，以更全面地了解销售情况。灵活性也是制定销售计划的关键，企业需要及时调整计划，以适应市场变化和内外部环境的波动。经过详细列出收入预测和制定销售计划，企业可以更好地掌控收入来源，提高销售效益。这一过程需要科学合理地分析市场情况、产品特点和竞争状况，制定灵活有效的策略，以实现企业的经济目标和可持续发展。

三、成本预算与费用控制

成本预算与费用控制是财务预算中至关重要的一环，直接关系到企业的盈利水平和经济效益。经过详细列出各项成本的预算，包括生产成本、运营成本和行政费用等，以及设定费用控制的目标，企业可以更有效地管理资源，提高盈利能力。生产成本的预算是制造业企业不可忽视的一部分。企业需要考虑原材料、人工、设备折旧等因素，制定合理的生产成本预算。生产成本的控制可以经过优化生产流程、提高生产效率、谨慎选择原材料供应商等方式实现，确保生产成本在可控范围内。运营成本的预算涵盖了企业日常运营所需的各种费用，包括物流费用、仓储费用、营销费用等。企业需要综合考虑市场需求、运营规模和服务水平，制定详细的运营成本预算。费用控制的目标可以经过合理规划物流网络、降低库存成本、精简营销活动等手段来实现。行政费用的预算和控制也是企业财务预算的重要组成部分。行政费用包括人力资源费用、办公设备费用、办公用品费用等，企业需要合理设定这些费用的预算，并经过优化人力结构、提高办公效率等手段进行费用控制。在成本预算和费用控制的过程中，企业还应该注重成本与效益的平衡。一方面，需要确保降低成本的同时不影响产品或服务的质量和客户体验；另一方面，费用的控制也要确保不影响企业的正常运营和发展。这需要企业在制定预算和控制策略时保持灵活性和前瞻性。总体来说，经过详细列出成本预算和设定费用控制的目标，企业可以更有效地管理资源，提高盈利水平。这一过程需要全面考虑企业的经营状况、市场环境和内外部因素，制定科学合理的预算和灵活有效的费用控制策略，以实现长期的经济效益和可持续发展。

四、投资计划与资金管理

投资计划与资金管理是企业财务预算的关键组成部分，对于企业的长期发展和稳健经营至关重要。经过考虑资本支出、研发投入等方面的投资计划，并实施有效的资金管理策略，企业可以更好地配置资源，确保资金安全和可持续运营。资本支出的投资计划涉及到企业在固定资产、设备购置、厂房扩建等方面的投资。企业需要在财务预算中明确这些资本支出的预算和计划，并确保投资项目与企业战略和业务需求相一致。经过合理的资本支出计划，企业可以提高生产力、降低生产成本，为长期发展奠定基础。研发投入是企业创新和竞争力提升的关键。在投资计划中，企业需要考虑研发项目的预算，确保有足够的资金用于新产品开发、技术创新等方面。要确保研发投入与企业长期战略相一致，推动企业不断提升在市场中的竞争力。资金管理涉及到企业日常运营资金的筹措和使用。企业需要确保有足够的流动资金来应对日常开支，包括原材料采购、工资支付、运营成本等。资金管理的目标是避免资金紧张，保持合理的流动性水平。这可以经过精细管理应收账款和应付账款、合理规划库存水平、建立紧密的合作关系等方式来实现。在投资计划和资金管理的过程中，企业需要综合考虑不同投资项目的风险和回报，确保资金的有效配置和使用。灵活性也是资金管理的关键，企业需要及时调整资金策略以适应市场变化和内外部环境的波动。总体来说，经过详细考虑投资计划和实施有效的资金管理策略，企业可以更好地配置资源，保障资金安全，为可持续发展打下坚实基础。这一过程需要企业在制定计划和管理策略时保持前瞻性和灵活性，以适应不断变化的市场和经济环境。

五、监测与调整机制的建立

监测与调整机制的建立是财务预算管理的收尾工作，也是确保企业财务目标实现的重要步骤。经过设定监测预算执行的关键指标，并制定调整预算的流程和策略，企业可以更及时地发现问题、做出调整，确保财务目标的有效实施。企业可以设定关键的预算执行指标，如销售额、成本控制率、净利润率等。这些指标应当与企业的财务目标和战略规划相一致，具有可量化、可衡量的特点。经过设定这些指标，企业可以对预算执行情况进行实时监测，及时发现问题和潜在风险。建立调整预算的流程和策略是保障财务目标实现的关键。一旦监测指标显示预算执行存在偏差或不如预期，企业需要制定清晰的调整流程，包括责任人、决策程序和执行步骤。制定灵活的调整策略，可以根据实际情况采取相应的措施，包括调整销售策略、优化成本结构、重新制定投资计划等。在建立监测与调整机制的过程中，企业还可以借助先进的财务管理工具和技术，实现数据的实时监测和分析。这有助于提高监测的准确性和效率，使企业能够更迅速地作出反应，调整经营策略，确保财务目标的顺利实现。定期的预算审查和评估也是监测与调整机制中的重要环节。企业可以设立专门的预算审查团队，定期对预算执行情况进行全面审查，及时发现问题并提出建议。这有助于形成良好的预算管理文化，推动企业不断改进和提高预算执行的水平。建立监测与调整机制是企业财务预算管理的关键环节。经过设定关键指标、建立调整流程和策略，并借助先进的技术手段，企业可以更加灵活、高效地应对市场变化和内外部环境的波动，确保财务目标的顺利实现。这一机制的建立需要企业保持前瞻性和灵活性，不断改进和优化管理体系，以适应不断变化的经济环境。

经过设定预算目标、收入预测与销售计划、成本预算与费用控制、投资计划与资金管理以及监测与调整机制，企业可以有效地进行财务预算管理，提高财务运营的效率和稳定性。

第四章 新经济下的企业财务分析与成本管理

第一节 财务分析的内容与方法

一、财务分析的内容

（一）财务报表分析

财务报表是企业财务状况和经营绩效的主要体现，财务分析首先涉及对资产负债表、利润表和现金流量表的详细分析。这包括对资产负债表的资产和负债结构、利润表的盈利能力和成本结构、现金流量表的现金流入流出情况等方面的研究。

1. 资产负债表分析

（1）资产结构分析在企业财务管理中起着至关重要的作用。经过深入研究和理解企业的资产分布情况，特别是在资产负债表中所反映的流动资产和非流动资产的比例，可以揭示出许多关键信息，有助于评估企业的财务状况和运营效率。资产结构的关注点之一是流动资产的比例。流动资产包括现金、应收账款、存货等具有较高流动性的资产。经过分析流动资产在总资产中的占比，我们能够评估企业的流动性状况。如果流动资产占比较高，表明企业具备更强的偿债能力和支付能力，有助于降低经营风险。然而，若流动资产占比过高，也可能暗示企业过度保守，资金被过度闲置，未能获得更好的投资回报。非流动资产的比例同样是资产结构分析的重要指标。非流动资产包括长期投资、固定资产等相对较难变现的资产。合理配置非流动资产有助于企业长期稳健发展，但过高的比例可能意味着资金过度固定化，降低了企业的灵活性。

资产结构分析需要综合考虑流动资产和非流动资产的比例，以找到一个平衡点，既能维持流动性，又能保障长期稳定的资产增值。资产结构分析还可以帮助评估企业的资产配置策略。不同行业和不同阶段的企业可能采取不同的资产配置策略，如追求高流动性、高收益或者平衡发展。经过比较不同企业的资产结构，可以了解其在市场竞争中的相对优势和劣势，为投资者和管理层提供重要的决策参考。资产结构分析是深入了解企业财务状况和经营策略的重要手段。经过对流动资产和非流动资产比例的细致研究，可以揭示出企业的财务特点，为投资决策、财务规划和风险管理提供有力支持。在不断变化的市场环境中，及时准确地进行资产结构分析，有助于企业更好地应对挑战，实现可持续发展。

（2）负债结构分析在企业财务管理中具有重要意义，经过深入研究企业的负债分布情况，特别是在资产负债表中所体现的流动负债和非流动负债的比例，可以为评估企业的债务偿还能力和财务风险提供关键信息。关注负债结构中的流动负债比例是至关重要的。流动负债包括短期借款、应付账款等需要在较短时间内偿还的债务。经过分析流动负债在总负债中的占比，我们可以评估企业短期内偿债的能力。高比例的流动负债可能增加企业的偿债压力，尤其是在经营不景气或者市场变化较大的情况下，可能导致企业面临流动性风险。负债结构分析需要关注企业是否能够有效管理短期债务，确保资金的及时偿还，维护财务稳健性。非流动负债的比例同样需要仔细考虑。非流动负债包括长期借款、长期应付款等相对较长期的债务。虽然非流动负债在短期内不会对企业的偿债能力产生直接影响，但过高的比例可能导致财务费用的增加，影响企业的盈利能力。负债结构分析需要平衡企业获取长期资金的需求与维持财务可持续性的考虑，以确保企业在长期内能够稳健经营。负债结构分析是为了全面了解企业的债务状况，评估其偿债能力和财务风险。合理的负债结构能够帮助企业在市场竞争中更好地应对风险，确保财务的可持续性发展。在制定财务策略和资金管理方案时，企业应当根据自身的经营特点和市场环境，合理配置流动负债和非流动负债，以实现财务的稳健增长。

（3）所有者权益分析是深入了解企业财务状况的关键步骤。经过研究所有者权益的构成，我们可以全面了解企业的净资产状况，揭示企业盈利能力和财务稳定性的关键信息。关注所有者权益的组成是重要的。所有者权益包括股本、资本公积、盈余公积等各种权益项目。经过分析这些项目的比例和变化，可以了解企业在不同时间点的盈利状况、分红政策以及对未来发展的资本规划。例如，盈余公积的增加可能表明企业有稳健的盈利能力，有利于未来的扩张和投资。关注所有者权益的变化是评估企业财务稳定性的关键因素。净利润的积累会增加所有者权益，而分红和资本回报则会减少。经过追踪所有者权益的变化，我们可以了解企业盈利能力的长期趋势以及企业如何处理盈余。稳健的财务管理应当平衡投资、分红和资本保值的需求，确保企业能够在不同市场环境下保持财务的健康状态。所有者权益分析也涉及到企业的财务杠杆和风险承受能力。如果企业过度依赖债务融资，可能导致财务风险的增加。在这种情况下，所有者权益可能受到债务偿还的影响，影响企业的财务灵活性。分析所有者权益时，需要关注企业的财务杠杆比率，确保企业在面对外部冲击时有足够的资本抵御风险。所有者权益分析是评估企业财务状况和经营绩效的重要手段。经过深入研究所有者权益的构成和变化，可以为投资者、管理层和其他利益相关者提供重要的决策参考，帮助企业制定合理的财务战略，实现可持续的经济增长。

2. 利润表分析

（1）盈利能力分析对于评估企业的经济健康和可持续性至关重要。经过深入研究企业的利润表，特别是关注营业收入、净利润等关键指标，可以计算出一系列盈利指标，全面了解企业的盈利水平和经营效益。关注营业收入是盈利能力分析的起点。营业收入反映了企业在销售产品或提供服务方面的业绩。经过比较不同时间段的营业收入，我们可以了解企业的销售趋势和市场表现。稳定增长的营业收入通常是企业健康发展的标志，而下降的趋势可能需要进一步分析原因，以制定相应的战略。计算盈利指标如毛利率是盈利能力分析的重要步骤。毛利率反映了企业在生产和销售过程中的盈利能力，是毛利润与营业收入的比率。高毛利率可能表明企业能够有效控制生产和销售成本，提高盈利水平。然而，需要注意的是，毛利率高并不一定意味着企业整体盈利能力强，还需结合其他指标进行综合分析。净利润率是另一个关键的盈利指标，反映了企业在考虑所有成本和费用后的实际盈利水平。计算净利润率可以帮助评估企业的整体经营效益和管理水平。较高的净利润率通常是投资者和管理层关注的目标，但同时也需要考虑是否可持续，并且需要与行业标准进行比较。盈利能力分析是深入了解企业经济状况的关键工具。经过关注营业收入、毛利率、净利润率等指标，可以全面了解企业在市场中的表现和经营效益。这些指标不仅为投资者提供了评估投资价值的依据，也为企业管理层提供了制定战略和改进经营的参考依据。

（2）成本结构分析是企业管理中的一项重要任务，经过深入研究利润表中列出的各项费用，包括销售成本、行政费用、研发费用等，可以帮助企业更好地了解经营成本的构成，制定有效的成本控制策略。关注销售成本是成本结构分析的关键步骤。销售成本直接与产品或服务的生产和销售相关，包括原材料、生产人工、制造费用等。经过详细分析销售成本的构成，企业可以识别出生产过程中的关键成本因素，并采取相应的措施来降低生产成本，提高盈利水平。有效的销售成本控制有助于提高产品或服务的竞争力，同时增加企业的盈利空间。行政费用和研发费用的分析也是成本结构分析的重要组成部分。行政费用包括管理人员的工资、办公室租金、办公用品等费用，而研发费用涉及到产品创新和技术研究的投入。经过详细了解这些费用的构成，企业可以评估管理效率和研发投入的合理性。精细的成本控制策略需要在确保企业正常运营的前提下，合理分配资源，降低不必要的行政开支，并确保研发投入能够为企业创造价值。固定成本和变动成本的分析也是成本结构分析中的关键内容。固定成本是与生产数量或销售额无关的费用，如房租、固定工资等；而变动成本与生产数量或销售额直接相关，如原材料成本、销售提成等。经过了解这两类成本的比例和变化趋势，企业可以更好地规划生产和销售策略，灵活调整成本结构，适应市场变化。成本结构分析是企业管理的重要工具，有助于企业更好地掌握经营成本，制定有效的成本控制策略。经过深入了解销售成本、行政费用、研发费用等各项费用的构成，企业可以精准定位成本痛点，提高经营效率，增强盈利能力。这种分析不仅为企业管理层提供了优化决策的依据，也为投资者评估企业的财务健康提供了重要参考。

（3）盈利趋势分析是一项关键的任务，经过比较不同期间的利润表，评估企业的盈利水平和走势。这种分析有助于揭示企业在经济周期中的表现，发现潜在的经营问题或机会，为未来的经营决策提供重要的参考依据。关注营业收入的变化是盈利趋势分析的首要任务。经过比较不同期间的营业收入，可以了解企业的销售趋势和市场表现。持续增长的营业收入可能表明企业在市场上取得了成功，而下降的趋势可能需要深入分析，找出原因并制定相应的战略。对比各项费用和成本的变化也是盈利趋势分析的关键步骤。特别关注销售成本、行政费用、研发费用等各项费用的变化，以了解企业在不同时期的成本控制能力。如果费用的增长超过收入增长，可能需要审视成本结构并考虑成本控制的策略，以确保盈利水平的持续增长。净利润的变化也是盈利趋势分析的核心指标。经过比较净利润在不同期间的变化，可以评估企业的盈利能力和经营效益。净利润的增长可能是企业经营良好的标志，而净利润的下降可能需要进一步调查，并采取措施来提高盈利水平。盈利趋势分析还可以结合宏观经济环境的变化，以更全面地理解企业的盈利表现。考虑通货膨胀率、行业趋势等因素，可以帮助区分企业盈利的真实增长与市场波动的影响。盈利趋势分析是帮助企业了解自身经营状况、发现问题和抓住机会的重要工具。经过比较不同期间的利润表，企业能够及时调整经营策略，更好地适应市场变化，确保盈利能力的可持续增长。这种分析也为投资者提供了评估企业经济状况和未来发展潜力的重要依据。

3. 现金流量表分析

（1）现金流入流出分析是评估企业财务健康和资金管理的关键工具。经过深入研究现金流量表，了解企业的经营、投资和筹资活动对现金的影响，可以全面评估企业的偿债能力和资金流动性。关注经营活动产生的现金流入流出是分析的首要任务。经营活动的现金流入通常包括销售产品或提供服务的收入，而现金流出则包括支付供应商、工资、税收等经营成本。经过比较现金流入和流出的情况，可以评估企业的盈利能力和经营效益。正常经营活动应当能够产生足够的现金流入，以覆盖日常的经营支出，并确保企业持续运营。关注投资活动和筹资活动对现金流的影响也是分析的关键步骤。投资活动包括购买和出售资产，而筹资活动涉及到债务和股权的融资。经过分析这两类活动，可以了解企业在资本开支和融资方面的策略。若投资活动主要是资本支出，需要确保投资能够带来良好的回报；而筹资活动则需要谨慎管理债务和股权，以维护良好的资金结构。净现金流量是现金流量表中一个关键指标，反映了企业期间净现金的变动情况。正的净现金流量表明企业在期间内有现金的增加，而负的净现金流量可能表明企业需要借款或出售资产来弥补现金流出的不足。经过对净现金流量的分析，可以评估企业的资金流动状况和财务稳定性。现金流入流出分析是深入了解企业资金状况和经营活动的重要手段。这种分析有助于评估企业的偿债能力、资金流动性以及财务稳健性，为企业管理层制定财务战略、投资决策提供了重要的参考依据。投资者也可以经过分析企业的现金流量状况，更全面地评估企业的财务健康和未来发展潜力。

（2）自由现金流是企业在一定期间内生成的可用于分红、偿还债务或投资的资金。了解自由现金流对于评估企业的自给自足能力和未来的投资余地至关重要。自由现金流的计算通常包括净利润、折旧与摊销、资本支出和变动资本的考虑。计算自由现金流的一种常见方法是从净利润开始。净利润是企业经营活动的总收入扣除所有费用后的余额。然后，需要加上折旧与摊销，因为这些是非现金性支出，对自由现金流产生积极影响。需要考虑资本支出。资本支出是企业用于购买、维护和改善资产的支出，通常包括购置固定资产、设备等。资本支出减去折旧与摊销的部分，反映了企业的净资本支出。要考虑变动资本的影响。变动资本包括了应收账款、应付账款、存货等。如果变动资本减少，说明企业收回了之前投入的资金，对自由现金流产生正向影响。理解自由现金流有助于评估企业的财务健康和经营能力。正的自由现金流表明企业能够在经营活动中产生足够的现金，用于分红、偿还债务或投资。负的自由现金流可能表明企业需要经过债务或其他手段来满足其运营需求，可能需要审视财务状况和经营策略。自由现金流分析提供了深入了解企业可用于投资和分配的现金的途径。这种分析有助于投资者评估企业的财务稳健性和未来的投资潜力，同时也为企业管理层提供了指导，以确保可持续的经营和投资战略。

（3）现金管理分析是深入了解企业资金状况和运作情况的关键手段。经过详细研究现金流量表，可以揭示企业的资金调配和运营策略，确保企业在经营中有足够的资金支持。关注经营活动中的现金流入流出情况是现金管理分析的核心。这包括销售产品或提供服务的收入、支付供应商、工资、税收等经营成本。经过分析这些现金流动情况，企业可以了解经营活动的现金盈余或缺口，及时调整经营策略，确保足够的现金流入以应对日常经营需求。注意投资活动和筹资活动对现金的影响。投资活动包括购买和出售资产，而筹资活动涉及到债务和股权的融资。企业需要谨慎管理投资和融资活动，确保它们与企业的战略目标和现金需求相一致。过度的投资或不当的融资可能对企业的现金流造成负面影响。关注现金储备水平也是现金管理分析的重要方面。分析现金流量表中的现金余额和等价物的变化趋势，可以了解企业在一定时间内的现金储备水平。足够的现金储备可以提高企业的应急应对能力，降低财务风险。然而，持有过多现金也可能导致资金空置，降低资金的效益。需要找到一个合适的平衡点，确保有足够的现金支持日常经营活动，同时进行合理的资金投资。分析现金流量表还有助于评估企业的支付能力和偿债能力。经过了解企业的支付能力，可以确保及时支付供应商和其他应付款项。偿债能力的评估有助于企业更好地规划债务偿还计划，避免出现临时性的流动性困难。现金管理分析是确保企业运营正常、降低财务风险的关键工具。经过深入研究现金流量表，企业可以更好地了解自身的资金状况，制定有效的资金管理策略，确保在竞争激烈的市场中保持稳健的财务状况。这种分析也为投资者提供了评估企业的财务健康和风险的重要依据。在进行这些分析时，需要综合考虑行业特点、市场竞争和宏观经济环境，以全面、系统地评估企业的财务状况和经营绩效。财务报表分析不仅是对历史业绩的审视，更是对未来发展的战略规划提供的有力支持。经过深入剖析这些财务报表，企业可以更明晰地认识自身，为未来的战略决策提供有力的数据支持。

（二）财务比率分析

财务比率分析是评估企业财务状况的一种重要方法。经过计算和分析不同财务比率，可以深入了解企业的偿债能力、经营效益、盈利水平等关键方面。以下是几个常见的财务比率及其分析意义：

1. 流动比率

公式：流动比率=流动资产/流动负债

分析：流动比率衡量了企业短期偿债能力，即企业是否能够用其短期资产覆盖短期债务。一般而言，流动比率大于1被视为健康的状况，但过高的流动比率可能表明企业在资产配置上效率较低。

2. 速动比率（或酸性测试比率）

公式：速动比率=（流动资产-存货）/流动负债

分析：速动比率考虑了存货可能无法迅速变现的情况，更侧重于短期偿债能力的评估。较高的速动比率通常被认为是财务灵活性较高的信号。

3. 资产负债率

公式：资产负债率=（总负债/总资产）×100%

分析：资产负债率反映了企业资产是经过债务还是经过所有者权益融资的比例。较高的资产负债率可能表明企业承担了较大的债务负担，增加了财务风险。

4. 毛利率

公式：毛利率=（营业收入-成本费用）/营业收入×100%

分析：毛利率反映了企业在生产过程中实现的盈利能力。高毛利率通常表明企业在生产和销售中能够有效控制成本。

5. 净利润率

公式：净利润率＝净利润/营业收入×100%

分析：净利润率衡量了企业在扣除所有费用和税收后实现的净利润的百分比。较高的净利润率通常被认为是企业盈利能力强的标志。

这些比率提供了对企业不同方面的深入洞察，有助于投资者、管理层和其他利益相关者更全面地了解企业的财务状况。财务比率分析应当结合行业标准和历史数据进行综合评估，以更准确地判断企业的财务健康状况。

（三）趋势分析

趋势分析在财务分析中扮演着重要的角色，经过比较企业多个会计期间的财务数据，可以深入了解企业的发展趋势，发现问题、把握机会，并为未来的决策提供有力的参考。这种分析涉及多个方面，包括利润表、资产负债表和现金流量表等财务报表。关注营业收入的趋势是趋势分析的关键。营业收入是企业最基本的经济活动之一，直接反映了企业在销售产品或提供服务方面的表现。经过比较不同期间的营业收入，可以了解企业的销售趋势和市场表现。稳定增长的营业收入通常是企业健康发展的标志，而下降的趋势可能需要进一步分析原因，以制定相应的战略。净利润的趋势分析也是至关重要的。净利润是企业在扣除所有费用和税收后的实际盈利水平，是企业经营效益的关键指标。经过比较净利润在不同期间的变化，可以评估企业的盈利能力和经营效益。净利润增长可能表明企业在管理和运营上取得了成功，而净利润下降可能需要进一步调查，并采取措施来提高盈利水平。资产负债表的趋势分析涉及到企业资产和负债的演变。经过比较不同期间的资产负债表，可以了解企业的资产配置、负债结构以及财务稳健性的变化。关注流动资产和流动负债的趋势有助于评估企业的短期偿债能力，而长期负债的变化则可能反映企业的长期融资策略。现金流量表的趋势分析则可以揭示企业在现金管理方面的变化。经过比较不同期间的现金流量表，可以了解企业的经营、投资和筹资活动对现金的影响，进而评估企业的资金流动性和财务健康状况。趋势分析不仅关注各个财务指标的绝对数值，还强调这些数值在时间上的演变趋势。这种综合性的分析有助于发现潜在问题、把握市场机遇，为企业未来的决策提供更全面的信息。趋势分析还需要结合行业的发展趋势和宏观经济环境的变化，以更准确地评估企业所处的市场位置和竞争力。经过对趋势的深入理解，企业能够更好地调整战略，适应变化，并保持长期的竞争优势。

二、财务分析的方法

（一）横向分析

横向分析，作为财务分析的一种重要方法，着眼于同一会计期间内不同项目的数据比较。典型的比较方式包括对当前年度与去年同期的财务数据进行对比，经过找出各项指标的增减情况，帮助我们更全面地了解企业的经营变化和财务状况。横向分析通常从利润表开始。经过对比当前年度和去年同期的营业收入，毛利润和净利润等指标，我们能够迅速了解企业在销售、成本控制和盈利水平方面的表现。如果营业收入增加，而毛利润和净利润也相应增加，这可能表明企业的销售和盈利能力都有所提升。相反，如果这些指标出现下降，可能需要深入分析其原因，如市场竞争、成本上升等。横向分析在资产负债表的应用也是关键的。比较当前年度和去年同期的总资产、总负债和所有者权益等指标，有助于揭示企业在资产配置和负债结构上的变化。如果总资产增加，可能意味着企业进行了扩张或投资；而总负债的增加可能需要关注企业的负债风险。经过分析所有者权益的变化，我们也可以了解企业在所有者权益管理方面的表现。现金流量表的横向分析也提供了对企业经营活动、投资活动和筹资活动的洞察。比较现金流入和流出的情况，可以了解企业在现金管理方面的变化。如果经营活动现金流入减少，可能需要关注企业的应收账款管理；而投资活动现金流出的增加可能表明企业在扩大生产或进行资本支出。财务比率在横向分析中的应用也是重要的。比较不同年度的流动比率、速动比率、毛利率等财务比率，有助于了解企业在偿债能力、盈利能力和经营效率等方面的演变。这种分析有助于管理层更好地了解企业的财务状况，并及时调整经营策略。横向分析为我们提供了一个在同一时间段内了解企业财务变化的有力工具。经过对比同一会计期间内的财务数据，我们能够更加直观地发现企业的强项和改进空间。然而，在进行横向分析时，还需要结合行业和宏观经济的整体状况，以更全面地评估企业的表现和制定未来战略。这种分析方法为企业提供了追踪和管理财务健康状况的有效手段，有助于制定更具针对性的战略决策。

（二）纵向分析

纵向分析是一种财务分析方法，侧重于对同一财务项目在不同会计期间的数据进行比较。经过观察某一项指标在一段时间内的变化趋势，纵向分析能够评估企业的长期发展情况。这种分析方法有助于识别企业在关键财务指标上的演变，并提供对其经营稳定性和趋势的深刻理解。纵向分析在利润表上的应用帮助我们理解企业的盈利能力和经营效益的长期趋势。经过比较多个年度的营业收入、毛利润和净利润，我们可以观察到这些关键指标的变化趋势。如果这些数字呈现稳定增长，可能反映了企业的良好经营和市场表现。相反，如果出现波动或下降，可能需要深入分析可能的原因，如市场变化、竞争加剧等。纵向分析在资产负债表上的应用有助于评估企业的资产和负债结构的长期演变。经过比较多个年度的总资产、总负债和所有者权益，我们能够了解企业是否持续进行投资或债务管理的变化。这有助于判断企业是否在稳健的财务政策下运营，以及资金的长期运用情况。纵向分析现金流量表可以揭示企业在现金管理方面的演变。比较多个年度的经营、投资和筹资活动的现金流量，有助于了解企业在长期内如何运用和产生现金。这对于评估企业的偿债能力和资金流动性的长期趋势至关重要。纵向分析还可应用于财务比率的观察。经过比较多个年度的流动比率、速动比率、资产负债率等比率，我们能够评估企业在偿债能力、盈利能力和财务结构方面的长期变化。这种综合性的观察有助于了解企业在长期内的财务健康状况。纵向分析的关键之处在于经过时间轴的视角，深入挖掘企业长期的财务变化趋势。这种方法使得管理层和利益相关者能够更好地理解企业的稳定性、成长性以及可能的挑战。然而，纵向分析的结果也需要谨慎对待，要考虑到行业和宏观经济环境的变化，以便更全面地解释企业财务数据的长期趋势。经过结合横向和纵向分析，可以形成更全面、深入的财务评估，为企业未来的战略规划提供更可靠的基础。

（三）比较分析

比较分析是一种将企业的财务数据与同行业或竞争对手进行比较的方法。经过这种分析，我们可以确定企业在行业中的相对地位，了解市场竞争情况，发现企业在某些方面的优势或劣势。比较分析提供了有关企业相对于行业标准和竞争对手的综合洞察，有助于制定更具针对性的战略和决策。比较分析常常涉及到利润表的各项指标。经过比较企业的营业收入、毛利润、净利润等指标与同行业其他公司的数据，我们能够了解企业在盈利能力上的相对优势或劣势。如果企业的营业收入和净利润相对较高，可能表明企业在市场份额和盈利能力方面具有竞争优势。比较分析也可以应用于资产负债表的各项指标。经过比较企业的总资产、总负债和所有者权益与同行业其他公司的情况，我们能够了解企业在资产配置和负债结构上的相对表现。这有助于评估企业的财务稳健性和资本结构的合理性。比较分析对于现金流量表和财务比率的应用也是重要的。经过比较企业的现金流入、现金流出以及各种财务比率（如流动比率、速动比率、毛利率等）与同行业其他公司的数据，我们能够了解企业在经营活动、偿债能力和盈利水平方面相对于行业的表现。在进行比较分析时，还可以采用横向和纵向分析的结合。经过纵向分析，我们可以了解企业在时间上的发展趋势；经过比较分析，我们可以将这些趋势与同行业公司进行对比，更全面地了解企业的财务状况。比较分析的优势在于能够将企业的表现置于更广泛的背景中，帮助管理层更全面地了解其在市场上的地位。然而，进行比较分析时需要考虑行业的特殊性、竞争对手的不同战略和市场的变化。这样的综合性分析有助于企业更好地把握市场机会，制定竞争策略，并加强在竞争激烈的商业环境中的竞争力。

（四）综合分析

综合分析是财务管理领域中一种综合性的方法，旨在经过将不同的分析方法结合起来，全面评价企业的财务状况。这种分析方法的目标是深入挖掘财务数据背后的原因，形成对企业整体情况的综合认识，为制定战略和决策提供全面的参考依据。综合分析的核心在于将各种分析方法有机地结合起来，形成一个全面的财务画面。横向比较、纵向比较、行业比较、财务比率分析等不同的分析方法各具优势，但单独使用时可能无法提供足够的信息。经过综合运用这些方法，可以弥补各种方法的局限性，得到更全面、深入的财务评估。综合分析注重深度挖掘财务数据的背后原因。不仅要了解财务数据的静态表现，还要探究其背后的业务运营、市场竞争、管理决策等因素。例如，如果净利润呈现下降趋势，综合分析会追问可能的原因，如成本上升、市场份额减少、竞争加剧等，并深入分析这些因素对企业的影响。综合分析有助于形成对企业整体情况的全面认识。这包括对企业盈利能力、偿债能力、成本结构、资产负债状况、现金流状况等多个方面的深入理解。经过多角度的综合分析，管理层和利益相关者可以更全面地了解企业的强项和改进空间，有针对性地制定战略和决策。第四，综合分析为制定战略和决策提供全面的参考依据。基于对企业财务状况的全面认识，管理层可以更明智地制定战略计划，调整经营策略，应对市场变化。综合分析也为投资者、债权人等利益相关者提供了更准确的信息，使其能够做出更为明智的决策。在实际应用中，综合分析可以从不同层面入手。对利润表、资产负债表、现金流量表进行横向和纵向比较，观察财务指标的变化趋势。进行行业比较和竞争对手分析，了解企业相对于同行业的地位。运用财务比率分析深入评估企业的财务状况。结合各项分析结果，进行深度解读，找出潜在问题，并提出相应的改进和优化建议。综合分析是一种全面深入的财务评估方法，具有重要的决策支持价值。经过整合不同的分析方法，深度挖掘财务数据，形成对企业整体情况的全面认识，管理层和利益相关者可以更加准确地理解企业的财务状况，为未来的战略规划提供有力支持。财务分析的内容和方法相辅相成，经过对企业财务数据的深入分析，可以更全面地了解企业的经营状况，为管理层提供决策支持。

第二节　基于互联网精神和大数据特征的多维组本

一、互联网精神的多维组本

互联网精神作为一种多维组本，体现了创新、开放、分享和合作的核心价值观。这一理念在团队和组织中的实践，不仅影响着工作方式和文化，更是推动着持续发展和适应变革的能力。互联网精神的创新维度强调在快速变革的环境中鼓励团队进行创新。这不仅包括产品和服务的创新，更涉及到团队内部的工作方式和思维方式的创新。团队成员应当具备敢于尝试新方法和理念的勇气，鼓励提出新观点和思路。互联网行业的蓬勃发展正是源于对创新的不断追求，而这种创新精神也对其他行业产生了深远的影响。互联网精神在开放与合作方面有着显著的特征。开放式沟通是互联网企业成功的重要因素之一，这意味着信息的自由流动和团队成员之间的透明沟通。在这样的开放环境中，每个团队成员都有机会分享自己的想法和观点，促进了思想的碰撞和交流。互联网精神强调合作，鼓励跨部门、跨团队的协同工作，推动创新和项目的共同推进。这种开放和合作的文化使得团队更加灵活和适应性更强。互联网精神注重团队成员适应变化的能力。在快速变革的互联网环境中，适应能力是成功的关键。团队成员应当具备对新技术、新市场趋势的敏感性，能够及时调整工作方式和战略方向以适应外部变化。这也意味着要敢于放弃陈旧的观念和方法，迎接新的挑战和机遇。互联网精神对用户体验的关注是不可忽视的一点。团队应该深入了解用户需求，经过持续的用户反馈和数据分析来改进产品和服务。用户体验的不断提升是互联网企业成功的重要因素之一，而这也直接关系到企业的市场份额和用户忠诚度。在互联网精神的引导下，团队应当追求不断创新、开放式的沟通与合作、适应变化的能力和对用户体验的关注。这些多维组本的实践不仅有助于团队在互联网行业的成功，也对其他行业产生了积极的启发作用。互联网精神的多维组本为团队提供了应对变革、创新发展的有力指南，成为当代企业成功的关键之一。

二、大数据特征的多维组本

大数据特征作为多维组本的一部分，对团队的管理和分析能力提出了一系列挑战和要求。大数据特征要求团队具备对海量数据的有效管理和分析能力。随着信息时代的到来，数据量呈指数级增长，团队需要建立强大的数据管理系统，包括数据的采集、存储、处理和分析。这涉及到技术层面的挑战，需要团队具备高效的数据处理和分析工具，以快速挖掘数据中的有价值信息。大数据特征强调数据驱动的思维方式。团队需要从数据中获取洞察，以指导决策和行动。这要求团队成员具备数据分析的技能和意识，能够理解和运用数据来支持业务决策。数据驱动的思维方式也意味着团队需要建立有效的数据指标和评估体系，以监控业务绩效并进行持续优化。大数据特征强调数据隐私和安全。随着数据的增长，团队需要重视用户和客户的隐私保护，确保合规性。数据的安全性也是一个重要的考虑因素，防范数据泄露和滥用。团队需要建立健全的数据安全管理机制，采取适当的技术和法规合规措施，保障数据的可靠性和安全性。大数据特征还要求团队在面对不同类型的数据时具备灵活性。大数据可能包括结构化数据和非结构化数据，来自多个来源，包括社交媒体、传感器、日志文件等。团队需要具备处理多样化数据的能力，以更全面地理解和分析业务情况。大数据特征的多维组本要求团队在技术、思维方式和管理层面都做出相应的调整。团队需要拥有强大的数据处理和分析能力，以应对海量数据的挑战。团队成员需要培养数据驱动的思维方式，将数据转化为实际的业务洞察。数据隐私和安全是不可忽视的方面，需要建立严格的安全措施和合规机制。在大数据时代，团队若能充分发挥大数据特征的优势，将能更好地把握商机，提高决策的准确性和效率，实现持续创新和竞争优势。

三、创新驱动的组织文化

创新驱动的组织文化是互联网精神和大数据特征在多维组本中共同体现的重要组成部分。这种文化强调鼓励团队成员提出新的想法，尝试新的方法，并视失败为学习的一部分。以下是对创新驱动的组织文化的详细讨论。创新驱动的组织文化注重鼓励成员提出新的想法。团队成员应该感到鼓舞和支持，激发他们的创造力和创新潜力。这种文化鼓励成员独立思考，跳出传统思维框架，勇于挑战现状，推动组织不断向前发展。创新文化强调尝试新的方法。在不断变化和竞争激烈的环境中，团队需要不断寻找更高效、更创新的解决方案。这意味着成员应该被允许尝试新的工作流程、新的技术、新的业务模式，而非局限于过去的惯例。经过尝试新方法，团队能够更好地适应变化，并找到更具竞争力的策略。创新文化欢迎失败作为学习的一部分。在追求创新的过程中，失败是难以避免的一部分。创新文化强调将失败视为学习的机会，鼓励成员从失败中汲取经验教训，不断改进和调整。这种开明的态度有助于减轻成员的压力，促使他们更愿意冒险尝试新的想法和方法。创新驱动的组织文化有助于团队在不断变化的市场中保持竞争力。创新文化使得团队更能捕捉市场机遇，应对业务挑战，并在竞争激烈的环境中脱颖而出。创新驱动的组织文化是多维组本中的一个关键要素，它集成了互联网精神和大数据特征的优势。这种文化不仅能够激发团队的创造力和潜力，还有助于组织在变革和不确定性中实现持续创新。经过培养创新文化，团队可以更好地适应快速发展的市场，不断提升竞争力，实现可持续的成功。

四、开放协作与信息分享

开放协作与信息分享是互联网精神和大数据特征在多维组本中的关键组成部分。这种文化倡导经过开放的沟通渠道促进成员之间的信息共享和协作，以提高团队的反应速度和决策效率。互联网精神强调开放协作。在开放的协作文化中，团队成员被鼓励自由地分享想法、观点和信息。这种开明的沟通氛围有助于打破信息孤岛，促进成员之间更紧密的合作。经过开放协作，团队能够更快速地解决问题，充分利用集体智慧，推动团队的创新和发展。信息分享是开放协作的核心。团队应该建立高效的信息分享机制，包括内部沟通平台、会议、共享文档等。这有助于确保信息能够流动自由，成员能够及时获取到所需的信息。信息分享还包括对项目进展、市场趋势、竞争动态等关键信息的共享，以使整个团队保持对外界变化的敏感性。大数据特征要求共享数据资源。在大数据时代，数据是一种宝贵的资源，而其真正价值往往在于共享和利用。团队应该建立数据共享的机制，使得不同部门和成员能够共享和利用数据资源，优化整个组织的数据利用效率。共享数据资源还有助于提高数据的质量和准确性，为团队的决策提供更可靠的支持。开放协作与信息分享有助于加速决策过程。在信息共享的基础上，团队能够更迅速地获取到全面的信息，做出更明智的决策。开放协作还能够促使成员之间更好地协同工作，共同解决问题，加强团队的整体执行力。开放协作与信息分享是建立在互联网精神和大数据特征基础上的多维组本。这种文化有助于提高团队的灵活性、适应性和反应速度，使团队更具竞争力。经过建立开放的沟通渠道、鼓励信息分享，团队可以更好地应对快速变化的市场和业务环境，实现持续的创新和成功。

五、数据驱动的决策与个性化服务

数据驱动的决策与个性化服务是多维组本中互联网精神和大数据特征共同构建的关键元素。这种文化要求团队在决策和服务中充分利用数据，以更精准、个性化的方式满足用户需求。大数据特征要求团队采用数据驱动的决策模式。这意味着团队应该利用大数据分析技术，深度挖掘用户行为、市场趋势等数据，为决策提供科学依据。经过数据驱动的决策，团队能够更准确地理解市场需求、预测用户行为，制定更具有前瞻性和针对性的业务战略。数据驱动的决策还有助于降低决策的风险，提高决策的成功率。互联网精神强调个性化服务。团队应该根据用户的个性化需求和偏好，定制产品和服务，提高用户体验。个性化服务不仅包括产品的个性化定制，还包括用户界面、推荐系统、客户服务等方面的个性化设计。经过了解用户的需求和行为，团队能够更好地满足用户的期望，提升用户忠诚度。数据驱动的决策与个性化服务相互补充。经过数据分析，团队可以更深入地了解用户，识别潜在的市场机会，制定更符合用户期望的个性化服务方案。反过来，个性化服务也能够为团队提供更多用户反馈和行为数据，进一步优化数据驱动的决策模型。这种相互促进的关系使得团队在满足用户需求的同时，不断优化和提升自身的运营效率。数据驱动的决策与个性化服务有助于团队建立与用户更紧密的关系。经过深度了解用户，团队能够更好地响应用户的需求，提供更有价值的服务，提高用户满意度和忠诚度。这种紧密的用户关系不仅有助于提升品牌形象，还为团队带来了持续的业务增长。数据驱动的决策与个性化服务是建立在互联网精神和大数据特征基础上的多维组本。这种文化使团队能够更好地理解和满足用户需求，提高竞争力。经过充分利用数据，团队可以更精准地制定战略决策，而个性化服务则为用户提供了更贴心的体验，共同推动了团队的创新和成功。

综合互联网精神和大数据特征的多维组本，团队能够在快速变化的商业环境中灵活应对，不断创新，提升数据驱动的决策水平，为用户提供个性化的服务，实现持续发展。

第三节 多维组本的实现思路和应用价值

一、多维组本的实现思路

多维组本的实现思路包括建立创新驱动的组织文化、培养数据驱动的思维方式、推动开放协作与信息分享、整合大数据技术和工具，以及持续优化用户体验。团队需要制定战略计划，明确实现多维组本的目标，同时采用灵活的方法，包括敏捷开发、设计思维等，快速响应市场变化。

二、多维组本的应用价值

（一）创新和灵活性

创新和灵活性是多维组本实施的重要成果之一。经过引入多维组本的理念，团队能够在多个方面实现创新和灵活性，更好地适应市场变化，提供有竞争力的产品和服务。多维组本的实施鼓励团队内部的创新。成员被鼓励提出新的想法、尝试新的方法，并在实践中学习和改进。这种创新文化推动了团队内部的创造力和积极性，促使团队不断寻求更有效的工作流程和解决方案。多维组本的实施经过开放协作和信息分享促进了团队的外部创新。团队与外部合作伙伴、同行业的团队等进行信息共享和协作，融汇各方的智慧和经验。这种开放的合作模式带来了新的思维和方法，使团队能够更好地借鉴外部创新资源，提升自身的竞争力。多维组本的实施鼓励团队在决策和执行中更具灵活性。团队成员经过信息分享和协作，能够更迅速地获取到全面的信息，做出更灵活、更迅速的决策。团队在工作流程和项目管理上也更容易灵活调整，适应市场的快速变化。多维组本的实施使团队更加注重用户需求和体验。经过数据驱动的决策和个性化服务，团队能够更深入地了解用户，提供更符合用户期望的产品和服务。这种用户中心的思维方式使得团队更容易根据市场反馈进行调整和改进，保持产品和服务的竞争力。多维组本的实施为团队带来了创新和灵活性的文化变革。这种文化使团队能够更好地适应变化，更灵活地应对市场挑战，提高了竞争力并促使持续的业务创新。经过鼓励内部创新、开放协作、数据驱动的决策和个性化服务，团队能够在竞争激烈的市场中保持领先地位。

（二）数据驱动决策

数据驱动决策是多维组本中大数据特征的重要体现，经过整合大数据特征，团队能够更准确地基于数据做出决策，提高战略规划和执行的精度。大数据特征的整合使团队能够更全面地了解市场和用户。经过收集、分析海量的数据，团队能够深入洞察用户行为、市场趋势、竞争动态等关键信息。这为团队提供了更全面、更准确的背景信息，有助于做出更具针对性和前瞻性的决策。数据驱动决策经过分析数据提高了决策的科学性和准确性。传统的决策往往基于经验和直觉，而数据驱动的决策依赖于对大量数据的分析和挖掘。这种基于数据的决策模式能够更科学地预测市场走向、用户需求，减少决策的盲目性，提高决策的准确性。大数据特征的整合使团队能够更灵活地调整战略和执行计划。经过实时监测数据，团队能够迅速识别市场变化和业务状况，及时调整战略方向和执行计划。这种灵活性使团队更具应变能力，能够在快速变化的市场中保持竞争力。数据驱动决策也促使团队建立更严密的业务指标和评估体系。团队经过制定明确的数据指标，能够更好地监控业务绩效，及时发现问题并进行调整。这种指标导向的管理方式有助于提高团队的执行效率，确保战略和决策的落地。数据驱动决策是大数据特征在多维组本中的核心体现。经过整合大数据特征，团队能够更科学、更精确地制定战略规划和执行计划。这种决策模式使团队更具洞察力，更灵活地应对市场变化，为持续创新和业务成功提供了有力支持。

（三）开放协作与信息分享

开放协作与信息分享是多维组本中的关键要素，经过多维组本的实施，团队能够促进内外的开放协作和信息分享，提高合作效率，减少信息孤岛。多维组本的实施鼓励团队内部开放协作。成员被鼓励自由地分享想法、观点和信息，建立开放的沟通氛围。这种内部开放协作有助于打破部门之间的壁垒，促使成员更加紧密地合作，共同解决问题，加强团队的整体执行力。多维组本的实施经过信息分享促进团队内外的协作。团队与外部合作伙伴、同行业的团队等进行信息共享和协作，充分利用外部资源和智慧。这种开放的合作模式能够带来新的思维和方法，促使团队更加开明地面对挑战，更好地应对复杂的业务问题。多维组本的实施经过建立高效的信息分享机制减少信息孤岛。团队应该采用内部沟通平台、共享文档、定期会议等方式，确保信息能够流动自由，成员能够及时获取到所需的信息。这有助于消除信息孤岛，确保整个团队都能够共享并了解最新的业务动态。开放协作与信息分享有助于提高团队的反应速度。经过及时分享信息，团队能够更迅速地获取到全面的信息，做出更明智的决策。开放协作也能够促进团队更好地协同工作，共同解决问题，提高团队的整体执行效率。多维组本的实施使团队在开放协作与信息分享方面取得了显著的进展。这种文化有助于打破内外部的沟通壁垒，促使成员更积极地分享和协作。经过内外部的信息共享和协作，团队能够更好地应对市场挑战，提高合作效率，推动整个团队的创新和成功。

（四）个性化服务和用户体验

个性化服务和用户体验是多维组本中互联网精神的核心体现。经过互联网精神的引导，团队能够更好地了解用户需求，提供个性化的服务，增强用户体验，建立用户忠诚度。互联网精神强调个性化服务。团队应根据用户的个性化需求和偏好，定制产品和服务，以满足不同用户群体的需求。经过收集和分析用户行为数据，团队能够更精准地了解用户的兴趣和习惯，提供更符合用户期望的个性化服务。个性化服务有助于提高用户体验。经过个性化的产品推荐、定制化的用户界面设计等手段，团队能够使用户在使用产品或服务时感到更加舒适和满意。个性化服务使用户感到被重视和关心，提升了用户对品牌的好感度，促使用户更加愿意与团队保持良好的关系。互联网精神强调持续改进和迭代。团队经过不断收集用户反馈，了解用户体验的痛点和期望，进行产品和服务的持续改进。这种循环反馈机制有助于团队更好地满足用户需求，不断提升产品和服务的质量和用户体验。个性化服务和用户体验有助于建立用户忠诚度。当用户感受到团队对其需求的关注，并能够在使用过程中获得个性化的体验时，他们更有可能成为忠实的用户。建立用户忠诚度不仅有助于维持现有用户群体，还能够吸引新用户经过口碑传播和推荐。个性化服务和用户体验是多维组本中互联网精神的关键体现，对于团队的成功至关重要。经过了解用户需求、提供个性化服务和不断改进用户体验，团队能够赢得用户的信任和忠诚，建立持久的用户关系。这种关注用户体验的文化有助于团队在竞争激烈的市场中脱颖而出，实现持续的业务增长。

（五）全面竞争力提升

全面竞争力提升是多维组本的最终目标，经过整合互联网精神、大数据特征等多个方面的要素，团队能够在市场中更具优势，更好地适应行业和技术的快速变化。多维组本的应用促使团队更具创新能力。互联网精神的引导鼓励团队提出新想法、尝试新方法，大数据特征的整合提供了更全面的市场信息和用户洞察。经过创新，团队能够推出更具竞争力的产品和服务，满足市场不断变化的需求，获得市场份额。数据驱动的决策使团队能够更科学地制定战略规划。经过深度分析数据，团队能够更准确地了解市场趋势、用户需求，做出更明智的决策。科学的战略规划有助于团队更好地把握机遇，规避风险，提高业务成功的概率。开放协作与信息分享增强了团队的协同效应。经过与内外部合作伙伴的开放协作和信息共享，团队能够充分利用外部资源，获取新的思维和方法。这种协同效应提高了团队的创新能力和问题解决能力，增强了整体竞争力。个性化服务和用户体验提升了用户满意度和忠诚度。经过了解用户需求、提供个性化服务和不断改进用户体验，团队能够建立良好的用户关系，吸引用户并保持其长期忠诚。用户满意度和忠诚度的提升直接促使团队在市场中占据更有利的竞争位置。多维组本的应用使团队在多个方面取得优势，全面提升了竞争力。经过创新、数据驱动的决策、开放协作与信息分享、个性化服务和用户体验，团队能够更好地适应市场变化，赢得用户信任，建立持久的竞争优势。这种全面的竞争力提升使团队能够在激烈的市场竞争中脱颖而出，实现可持续的业务增长。

多维组本的实现思路和应用价值紧密联系，经过实施多维组本，团队可以更好地适应当今复杂多变的商业环境，提升创新能力、数据驱动的决策水平，推动协作与信息分享，实现持续的业务增长。

第五章 新经济下的企业财务智能化转型

第一节 企业财务转型的起点财务共享服务

一、建立财务共享服务中心

财务共享服务是企业财务转型的起点之一。经过建立一个财务共享服务中心，企业可以集中处理财务业务，包括会计、报表、支付等。这有助于提高财务效率，降低成本，并确保财务数据的一致性和准确性。

（一）目标明确与组织结构设计

目标明确与组织结构设计是建立财务共享服务中心的关键步骤，对于确保共享服务中心的有效运作和实现预期效果至关重要。明确的目标是建立财务共享服务中心的基础。企业在设立共享服务中心前应当明确清晰的目标，这些目标可以包括提高财务效率、降低成本、增强内部控制、提高服务质量等。明确的目标有助于团队明白共享服务中心的使命和期望达到的业务效果，为整个建设过程提供指导。组织结构设计是建立财务共享服务中心的重要步骤。这包括确定服务中心的人员配置、业务划分、工作流程等方面。在人员配置上，需要考虑各个财务职能的专业性和合理分工，确保团队具备必要的技能和经验。业务划分应当基于业务流程的优化，确保各个环节之间的协同顺畅。工作流程的设计则需要考虑高效的运作模式，确保共享服务中心能够达到提高效率、降低成本的目标。目标的明确和组织结构的设计需要在整个建设过程中不断优化和调整。这可能涉及到对目标的阶段性调整，以适应企业的变化需求。组织结构的灵活性也是建设共享服务中心成功的关键，因为在实际运营中可能需要根据业务需求进行适度的调整和优化。目标明确与组织结构设计是建立财务共享服务中心的基础工作。经过明确清晰的目标，企业能够为共享服务中心的发展提供明确的方向；经过科学合理的组织结构设计，确保服务中心的高效运作，最终实现提高效率、降低成本、增强内部控制等目标。

（二）业务流程分析与优化

业务流程分析与优化是建设财务共享服务中心的关键环节。经过深入了解企业的财务业务流程，可以在共享服务中心中实施业务流程的优化，提高财务运作的效率和精确度。业务流程分析需要对企业的财务业务流程进行全面深入的了解。这包括收集、整理和评估各个财务职能的工作流程、数据流动路径、人员协作方式等方面的信息。经过深入了解业务流程，可以识别出存在的瓶颈、重复劳动、不必要的手动操作等问题，为后续的优化提供基础。业务流程优化的目标是提高效率和精确度。在共享服务中心中，可以经过引入自动化工具、优化工作流程、简化审批流程等手段，实现财务业务流程的高效运作。自动化工具可以帮助减少手动操作，提高数据处理的速度和准确性；优化工作流程和简化审批流程则有助于缩短处理时间，提高效率。业务流程分析与优化也需要考虑不同业务单元的需求。不同部门和职能可能有不同的业务流程和工作方式，在共享服务中心中需要灵活考虑并满足各个业务单元的特殊需求。这包括业务流程的定制化、服务水平的个性化等方面，以确保共享服务中心能够全面覆盖企业的各个业务领域。业务流程的持续优化是共享服务中心成功运营的关键。随着业务环境的变化和技术的发展，业务流程可能需要不断调整和改进。共享服务中心应该建立健全的监测和反馈机制，定期评估业务流程的效果，根据实际情况进行调整和优化。业务流程分析与优化是建设财务共享服务中心的核心步骤。经过深入了解业务流程、引入自动化工具、满足不同业务单元的需求，并持续进行优化，共享服务中心能够实现财务运作的高效、准确和灵活。

（三）人才储备与培训计划

信息技术基础设施建设是建立财务共享服务中心的重要一环，它涵盖了财务管理系统、数据存储与处理系统、网络安全等方面的建设。这些基础设施的完善确保了财务数据的安全性、可靠性和高效处理，为共享服务中心提供强大的技术支持。财务管理系统的建设是信息技术基础设施中的关键步骤。财务管理系统涵盖了企业财务核算、报告生成、预算管理等多个方面。选择和实施适合企业需求的财务管理系统，有助于提高财务处理的效率，确保财务数据的准确性和一致性。数据存储与处理系统的建设是确保共享服务中心顺利运作的关键因素。共享服务中心需要处理大量的财务数据，包括交易记录、报表信息等。建立高效的数据存储系统，并配备相应的数据处理能力，能够支持大规模数据的存储、检索和分析，确保共享服务中心能够及时、准确地提供服务。网络安全是共享服务中心信息技术基础设施建设中至关重要的方面。共享服务中心需要处理敏感的财务数据，因此必须采取有效的网络安全措施，防范潜在的网络威胁和数据泄露风险。这包括建立防火墙、加密通信、访问控制等措施，以确保财务数据的机密性和完整性。信息技术基础设施建设还需要考虑技术升级和维护机制。随着技术的发展和业务需求的变化，共享服务中心的信息技术基础设施需要保持与时俱进。建立定期的技术升级计划和维护机制，确保系统的稳定性和可用性。信息技术基础设施建设是建立财务共享服务中心的基础，对于保障财务数据的安全、准确和高效处理至关重要。经过选择合适的财务管理系统、搭建高效的数据存储与处理系统、实施有效的网络安全措施，可以为共享服务中心提供强大的技术支持，确保其顺利运作。经过明确目标与组织结构、业务流程分析与优化、信息技术基础设施建设以及人才储备与培训计划等四个层面，企业可以有序地建立财务共享服务中心，为财务转型奠定坚实的基础。

二、财务共享服务中心标准化财务流程

在财务共享服务中心的运作中，企业可以逐步标准化财务流程。经过制定一致的财务标准和流程，确保不同部门和业务单位之间的财务操作一致性，减少人为错误，提高财务管理的规范性。

（一）制定财务流程标准

制定财务流程标准是建立财务共享服务中心的重要步骤，它有助于确保各项财务业务在共享服务中心中能够按照一致的标准进行操作。财务流程标准的制定涉及到各个财务职能的业务流程，包括采购、支付、报销等多个方面。对于每个业务流程，企业需要明确清晰的标准操作步骤，确保每个环节都有明确的责任人和操作规范。这有助于降低操作的不确定性，减少人为错误的发生，提高财务流程的规范性和可控性。

财务流程标准的制定需要考虑业务的特殊性和法规合规性。不同的业务可能存在不同的特殊要求，例如，采购流程可能需要符合特定的采购政策和流程，支付流程可能需要遵守相关的税收法规。在制定财务流程标准时，企业需要综合考虑业务特点和法规要求，确保标准操作符合法规合规的要求。财务流程标准的制定需要借鉴最佳实践和行业标准。企业可以参考同行业其他企业的成功经验，借鉴相关的最佳实践和行业标准。这有助于确保财务流程的高效性和先进性，提高共享服务中心的竞争力。财务流程标准的制定还需要定期更新和优化。随着业务环境的变化和法规的更新，财务流程标准需要不断进行审查和调整，以保持与时俱进。建立起灵活的流程更新机制，能够及时应对变化，确保流程标准的有效性。制定财务流程标准是建立财务共享服务中心的基础。经过确保每个财务流程有清晰的标准操作步骤，考虑业务特殊性和法规合规性，借鉴最佳实践，以及定期更新和优化流程标准，企业能够提高财务流程的规范性和效率，确保共享服务中心的顺利运作。

（二）培训员工贯彻执行

培训员工贯彻执行标准化的财务流程是确保共享服务中心运作顺利的关键步骤。以下是对培训员工的详细讨论，以确保员工熟悉并能够贯彻执行标准化的财务流程。培训计划的设计是培训员工的重要起点。在制定培训计划时，需要考虑到不同岗位和职能的员工可能需要不同的培训内容。培训计划可以包括标准操作流程、财务规范、信息系统使用等方面的内容。确保培训内容具体、实用，能够满足员工在实际工作中的需求。培训内容应当强调财务流程标准的重要性和实际应用。经过案例分析、实际操作演练等方式，让员工深入理解标准化的财务流程对于提高效率、减少错误的重要性。培训中可以强调标准化流程对于财务数据的准确性、可追溯性以及法规合规性的重要作用。培训过程中应当注重互动和反馈。鼓励员工提出问题，解答疑惑，确保培训过程中的信息传递清晰，员工能够理解并接受培训内容。建立反馈机制，收集员工对培训内容的意见和建议，以便及时调整培训计划，提高培训效果。培训不仅是一次性的活动，还需要建立持续的培训机制。随着业务流程的更新和变化，员工需要不断地接受新知识和技能的培训。建立起定期的培训计划和更新机制，确保员工始终保持对财务流程标准的了解和掌握。培训员工贯彻执行标准化的财务流程是建立财务共享服务中心的必要步骤。经过设计具体实用的培训计划，强调标准化流程的重要性，注重互动和反馈，以及建立持续的培训机制，可以确保员工熟悉并能够贯彻执行标准化的财务流程，提高共享服务中心的运作效率。

（三）监控与反馈机制

监控与反馈机制是确保共享服务中心财务流程执行顺利的关键要素。以下是对监控与反馈机制的详细讨论，以保障财务流程的有效性和不断优化。建立监控机制是对财务流程执行情况进行定期审查的重要步骤。经过内部审计和监控系统，企业可以实时监测财务流程的执行情况，发现可能存在的问题和异常情况。监控机制可以涵盖各个环节，包括数据录入、审批流程、报表生成等，以确保整个财务流程符合标准和法规的要求。监控机制的设计需要考虑到财务流程的关键性和风险点。针对不同的财务流程环节，建立相应的监控指标和警戒线。例如，对于支付流程，可以设置付款审批额度的监控，确保支付操作符合公司规定的审批流程和授权额度，避免潜在的风险。建立反馈机制是鼓励员工提出改进建议，不断优化财务流程标准的重要手段。经过设立反馈渠道，员工可以提出在实际操作中遇到的问题、感受到的不便以及对流程改进的建议。企业可以定期组织反馈会议或收集电子反馈，及时了解员工的需求和意见，以便进行相应的调整和改进。反馈机制还可以促使员工更加积极参与和投入到财务流程的改进中。鼓励员工分享实际操作中的经验和建议，形成共享学习的氛围，提高团队的整体执行水平。监控与反馈机制是建立在财务流程标准之上的关键环节。经过定期审查执行情况，发现问题并及时纠正，同时鼓励员工提出改进建议，可以不断优化财务流程标准，使其更加适应业务需求和变化，确保共享服务中心的财务流程高效、准确地运转。

（四）技术支持与自动化

技术支持与自动化是提高财务流程效率和准确性的重要手段。经过利用信息技术，企业可以实现财务流程中一些重复性、繁琐的任务的自动化，提高工作效率。引入财务管理系统是实现财务流程自动化的重要步骤。财务管理系统可以涵盖财务核算、报表生成、预算管理等多个方面，实现对财务数据的集中管理和实时监控。经过财务管理系统，企业可以大大简化财务操作流程，提高数据的准确性和一致性。采用电子审批流程工具可以实现审批流程的自动化。对于财务流程中需要经过多级审批的环节，引入电子审批流程工具可以加速审批过程，减少人为错误的发生。这种自动化的审批流程能够提高流程的透明度和可追溯性，确保审批过程符合标准化的要求。自动化财务报表的生成和分发也是技术支持的重要应用。经过财务管理系统或其他报表工具，企业可以实现财务报表的自动生成和定时分发，减少手工操作的时间和错误概率。这有助于提高报表的及时性和准确性，支持决策者更及时地获取财务信息。确保技术工具符合标准化的财务流程要求是技术支持与自动化的关键。引入技术工具之前，企业需要对其进行详细评估，确保其能够满足财务流程标准的要求，不引入额外的不一致性和风险。技术支持与自动化是提高财务流程效率和准确性的有效途径。经过引入财务管理系统、电子审批流程工具等技术工具，实现对财务流程的自动化管理，企业可以提高工作效率，减少错误，确保共享服务中心的财务流程在标准化要求下高效运转。经过以上步骤，企业可以逐步实现对财务流程的标准化，提高共享服务中心的运作效率和整体管理水平。

三、财务共享服务中心引入先进的财务科技

财务共享服务中心应该引入先进的财务科技，如智能会计软件、自动化报表生成工具等。这样可以提高财务数据处理的效率，降低人工干预的风险，同时使企业能够更灵活地应对财务变化和业务需求。

（一）智能会计软件的引入

引入智能会计软件是优化财务处理流程的一项重要举措。以下是对引入智能会计软件的详细讨论，以实现财务流程的自动化和提高工作效率。智能会计软件具有自动识别、分类和记录财务数据的能力。经过先进的技术，这类软件能够自动识别和提取发票、凭证等财务文档中的关键信息，并将其正确分类和记录在系统中。这种自动化的数据处理大大减少了手工操作的时间，同时降低了错误率，提高了数据的准确性和一致性。智能会计软件能够支持多维度的财务分析和报告生成。这些软件通常具备灵活的报表设计和定制功能，可以根据企业的需求生成各种财务报表。经过多维度的分析，企业可以更全面地了解财务状况，支持决策者做出更明智的战略决策。智能会计软件通常与其他财务管理系统和电子审批流程工具集成，实现整体的财务流程自动化。经过与其他系统的集成，可以实现数据的无缝传递和信息的实时更新，确保整个

财务流程的高效协同运作。智能会计软件还常常具备财务合规性和安全性的保障机制。经过内置的合规性检查和审计功能，软件能够帮助企业确保财务操作符合法规要求，降低合规风险。采用安全的数据加密和权限控制机制，保护财务数据的安全性。引入智能会计软件是提高财务共享服务中心效率的有效途径。经过自动化的数据处理、多维度的分析和系统集成，企业能够实现财务流程的高效管理，减轻员工的操作负担，确保财务流程在标准化要求下高效运转。

（二）自动化报表生成工具的应用

自动化报表生成工具的应用是提高报表生成效率和准确性的重要举措。以下是对自动化报表生成工具应用的详细讨论，以实现财务报表的高效生成和满足各方需求。自动化报表生成工具能够从财务系统中快速提取数据。这类工具通常与财务管理系统集成，能够直接连接到财务数据库或数据仓库，实时获取最新的财务数据。这避免了手动提取数据的繁琐过程，确保了数据的及时性和准确性。自动化报表生成工具能够自动生成各类财务报表。经过预先设定的报表模板和规则，工具可以根据用户的需求自动组织和呈现数据，生成标准化的财务报表。这种自动化的过程大大减轻了财务人员的工作负担，提高了报表的生成效率。引入自动化报表生成工具确保了报表的准确性和一致性。由于报表的生成是基于预定义的模板和规则，避免了手动操作可能引入的错误。一致的报表格式和标准化的数据呈现方式确保了不同报表之间的一致性，提升了报表的质量和可信度。自动化报表生成工具还支持灵活的报表设计和定制功能。企业可以根据管理层和利益相关方的需求，灵活调整报表的布局、内容和展示方式，以满足不同层级和角色的信息需求。自动化报表生成工具的应用是提高报表生成效率和质量的有效途径。经过从财务系统中提取数据、自动生成报表，并确保准确性和一致性，企业能够在较短的时间内满足各方对财务信息的需求，提高财务共享服务中心的工作效率。

（三）数据分析与预测工具的运用

数据分析与预测工具的运用是深化对财务数据理解、提前发现潜在风险和机会的关键。以下是对数据分析与预测工具运用的详细讨论，以实现更精准的决策支持和规划功能。先进的数据分析工具能够深入挖掘财务数据背后的趋势和模式。经过对历史财务数据的分析，这类工具能够识别出关键的业务趋势、季节性变化以及其他影响因素。这种深度分析有助于企业更全面地了解财务状况，为未来的决策提供更准确的参考依据。预测工具可以基于历史数据和趋势，进行未来业务绩效的预测。这种预测不仅包括财务指标如销售额、利润等，还可以涵盖市场需求、客户行为等方面。经过准确的预测，企业能够提前发现潜在的财务风险和机会，有针对性地制定规划和决策。数据分析与预测工具的运用可以帮助企业进行灵活的财务规划。经过模拟不同的场景和假设，企业可以更好地了解不同决策对财务状况的影响。这种灵活的规划有助于企业更好地适应市场变化，制定更具前瞻性的战略。数据分析与预测工具还支持实时监控和反馈。经过连续的数据分析，企业可以实时监测财务绩效，并及时调整规划和决策。这种实时性的反馈机制有助于企业更灵活地应对市场的动态变化。数据分析与预测工具的运用是提高财务共享服务中心决策支持和规划功能的有效途径。经过深入挖掘财务数据、准确预测未来趋势，并支持灵活的财务规划，企业能够更好地应对复杂的市场环境，提高财务共享服务的整体效能。

（四）云计算和移动化应用

云计算和移动化应用的引入是提高财务共享服务中心灵活性和响应速度的关键。以下是对云计算和移动化应用的详细讨论，以实现更高效的数据存储和便捷的信息访问。云计算技术的应用能够将财务数据存储于云端。经过将数据存储在云端，企业可以提高数据的安全性和可访问性。云计算提供了强大的数据存储和管理能力，同时具备灵活的权限控制和备份机制，确保财务数据的安全性。云端存储还能够降低企业的IT基础设施成本，提高数据的可扩展性。推动移动化应用使财务人员能够随时随地访问财务信息。经过移动应用，财务人员可以使用手机、平板等移动设备随时随地获取实时的财务数据。这种便捷的信息访问方式有助于财务人员更及时地响应业务需求、做出决策，并提高工作的灵活性和效率。云计算和移动化应用的结合使得财务共享服务中心更灵活地适应企业的运营环境和管理要求。经过云计算，财务数据可以实现跨地域、跨部门的共享和协同，促进不同团队之间的协作。移动化应用使得财务人员无需局限于办公室，能够在任何时间、任何地点进行工作，提高工作的敏捷性和响应速度。云计算和移动化应用还有助于降低财务共享服务中心的技术壁垒，使得小型企业也能够充分利用先进的技术工具，提高其财务管理水平。云计算和移动化应用的引入是提高财务共享服务中心灵活性和响应速度的战略性选择。经过更安全、便捷的数据存储和访问方式，企业能够更灵活地适应不断变化的运营环境，提高财务共享服务的整体效能。经过引入这些先进的财务科技，财务共享服务中心能够提升处理效率、降低错误风险，并更好地满足数字时代企业对财务管理的需求。

四、财务共享服务中心专业团队的建设

成立财务共享服务中心需要建立一个专业的团队，包括会计师、财务分析师、数据分析师等。经过培训和引进专业人才，确保团队具备处理复杂财务业务的能力，为企业提供高质量的财务服务。

（一）招聘与引进专业人才

在建设财务共享服务中心的初期阶段，企业应该积极招聘和引进经验丰富、具有专业背景的人才。这些人才包括会计师、财务分析师、数据分析师等，他们将成为财务共享服务团队的核心力量。企业应积极招聘会计师、财务分析师、数据分析师等专业人才。这些人才将在财务共享服务中心中发挥核心作用，负责处理会计核算、财务分析、数据管理等方面的工作。他们的专业知识和技能对确保财务共享服务的高效运作至关重要。招聘经验丰富的专业人才有助于提高财务共享服务的水平。具有丰富经验的人才熟悉财务业务流程，能够迅速适应并优化共享服务中心的运作。他们的经验还能够为团队提供指导，提高整体工作效率和质量。引进专业人才可以为财务共享服务中心注入新的思维和创新。拥有专业背景的人才通常能够提供前沿的财务管理理念和技术应用，推动共享服务中心不断更新和升级，适应市场和行业的变化。专业人才的加入也有助于构建高效的团队合作。不同专业背景的人才汇聚在一起，能够形成互补的团队，各司其职，共同推动财务共享服务中心的发展。招聘与引进专业人才是建设财务共享服务中心的关键举措。经过引入具有专业知识和经验的人才，企业能够确保共享服务中心的高效运作，适应市场变化，实现财务管理水平的提升。

（二）专业培训与知识更新

为团队成员提供系统的专业培训，以确保他们掌握最新的财务管理知识和技能。财务领域的法规和标准经常发生变化，因此不断的知识更新对于保持团队专业水平至

关重要。培训内容可以涵盖财务科技工具的使用、法规变更的应对策略等方面。为团队成员提供系统的专业培训是确保其具备必要知识和技能的重要手段。培训内容可以包括会计准则的解读、财务分析方法、数据管理工具的使用等方面。经过系统培训，团队成员能够更全面地理解财务共享服务的工作要求，并能够更高效地执行各项任务。不断更新团队成员的知识，使其紧跟财务领域的最新发展。财务领域的法规、准则和技术工具经常发生变化，团队成员需要及时了解这些变化并应用于实际工作中。经过定期的知识更新培训，团队可以保持对最新趋势和法规的敏感性，提高对新兴技术的应用能力。培训内容还可以涵盖财务科技工具的使用。随着科技的不断发展，新的财务管理工具和软件不断涌现。团队成员需要掌握这些工具，以提高工作效率和质量。培训内容可以包括会计软件、数据分析工具、财务管理系统等方面的使用方法。培训还应该关注法规变更的应对策略。随着法规环境的不断变化，团队成员需要了解最新的法规要求，并制定相应的应对策略。培训可以帮助团队成员更好地理解法规变更的影响，确保财务共享服务的合规性。专业培训与知识更新是保持财务共享服务团队专业水平的必要手段。经过系统的培训，团队能够不断提升自身能力，适应财务领域的变化，为企业提供更高水平的财务共享服务。

（三）激励与职业发展规划

制定激励机制，包括薪酬福利和职业发展机会，以留住优秀的财务专业人才。激励机制可以根据团队的绩效和贡献进行设定，同时提供职业晋升通道，使团队成员在财务领域取得更高的成就。制定有吸引力的薪酬福利是建设财务共享服务团队的重要一环。合理的薪酬水平和福利待遇可以激励团队成员更加努力地工作，提高工作积极性和满意度。薪酬福利可以根据个人绩效、团队业绩以及市场薪酬水平进行设定，确保对财务专业人才的吸引力。提供职业发展机会是吸引和留住人才的关键。制定明确的职业晋升通道，让团队成员清晰了解未来的职业发展方向。提供培训和学习机会，帮助团队成员不断提升自身能力和知识水平。经过职业发展机会，团队成员将更有动力留在财务共享服务团队中，并为其未来职业目标不断努力。建立绩效评估体系，将激励与绩效挂钩。经过明确的绩效标准和评估体系，能够公正、客观地评估团队成员的贡献和表现。将激励与绩效挂钩可以激发团队成员的积极性，使其更加努力地为团队和企业做出贡献。关注团队成员的个人发展需求，制定个性化的职业发展规划。了解每位团队成员的职业目标和兴趣，提供符合其个人发展需求的培训和晋升机会。这不仅能够提高团队成员的满意度，还有助于构建更具凝聚力的团队。激励与职业发展规划是建设财务共享服务团队的关键策略。经过合理的激励机制和职业发展规划，企业能够留住优秀的财务专业人才，确保团队的稳定和高效运作。

（四）团队协作与沟通机制

建立有效的团队协作和沟通机制，确保财务共享服务中心的各个专业团队之间能够高效协同工作。这包括定期的团队会议、项目汇报和跨团队协作，以应对复杂的财务业务和项目需求。定期组织团队会议是促进团队协作和沟通的有效手段。团队成员可以经过会议分享工作进展、讨论项目挑战、提出解决方案等。定期的团队会议有助于确保每个成员都了解团队整体的目标和工作计划，促进团队成员之间的合作和协调。建立项目汇报机制，确保项目进展和成果能够及时共享。经过定期的项目汇报，团队成员可以了解各个专业团队的工作进展，发现可能的协作机会和问题。项目汇报机制有助于提高团队的整体效率，确保项目按计划顺利进行。推动跨团队协作，打破各个专业团队之间的壁垒。在财务共享服务中心，不同专业团队通常需要协同完成复杂的业务流程和项目。建立跨团队协作机制，促进信息共享、资源整合，确保不同团队之间的协作更加紧密和高效。利用先进的沟通工具和技术，确保团队成员能够随时随地进行有效的沟通。电子邮件、在线会议、即时通讯等工具可以提高信息传递的效率，减少沟通误差。有效的沟通工具有助于团队成员更加便捷地分享信息、解决问题，提高工作效率。团队协作与沟通机制是财务共享服务中心保持高效运作的不可或缺的因素。经过建立有效的协作和沟通机制，团队能够更好地应对复杂的财务业务和项目需求，提高整体工作效率。经过以上建设，财务共享服务中心可以拥有一个专业、高效的团队，为企业提供财务服务的同时，也为团队成员提供了发展和成长的机会。

五、财务共享服务中心的持续改进和优化

财务共享服务中心的建立是一个持续改进和优化的过程。企业应定期评估财务流程的效率和准确性，根据业务发展和科技进步不断优化财务共享服务中心的运作模式，确保其能够持续为企业提供优质的财务支持。

（一）定期性绩效评估

设定定期绩效评估周期，以全面审查财务共享服务中心的运作。经过评估关键绩效指标，如处理时间、错误率、客户满意度等，识别潜在问题，并制定改进计划。设定定期的绩效评估周期是确保对财务共享服务中心运作进行全面审查的关键。这可以包括每季度、半年度或年度的评估周期，根据业务的特点和需求来确定。定期性的评估有助于及时发现问题，并采取相应的措施加以解决，确保财务共享服务中心持续改进。关注关键绩效指标，如处理时间、错误率和客户满意度等。这些指标反映了服务中心的运作效率、准确性以及对客户的响应能力。经过对这些关键指标的定期评估，可以识别绩效方面的强项和改进空间，为决策提供有力的数据支持。采用多维度的评估方法，全面审查服务中心的运作。除了关键绩效指标外，还可以考虑团队成员的培训水平、团队协作效果、问题解决能力等方面。多维度的评估可以更全面地了解服务中心的整体状况，为制定综合性的改进计划提供依据。定期性绩效评估还应该包括对客户反馈的分析。收集和分析客户的意见和建议，了解客户对服务中心的期望和满意度。客户满意度的提高是服务中心持续改进的目标，因此将客户反馈纳入评估体系中是至关重要的。评估的结果应该被用于制定改进计划。经过对评估结果的深入分析，确定具体的改进措施和优化方向。这可能包括加强培训、优化流程、引入新技术等。改进计划的执行将有助于提升服务中心的整体绩效水平。定期性绩效评估是确保财务共享服务中心持续改进和高效运作的关键环节。经过定期审查关键绩效指标和多维度的运作情况，服务中心能够及时调整策略，提升服务质量和客户满意度。

（二）利用科技工具进行数据分析

引入高级数据分析工具，对财务共享服务中心的运作数据进行深入研究。经过数据分析，发现潜在的效率提升点和提高服务质量的机会，为决策提供科学支持。引入高级数据分析工具能够帮助财务共享服务中心深入研究运作数据。这些工具包括但不限于业务智能软件、数据仓库和大数据分析平台。经过对大量数据的分析，服务中心可以发现隐藏在数据背后的模式、趋势和关联性，为决策提供更全面的信息。数据分析可以帮助服务中心发现潜在的效率提升点。经过分析业务流程和操作数据，识别出可能导致延误或低效的环节。基于这些发现，服务中心可以采取有针对性的措施，优化流程，提高处理效率，更好地满足客户需求。数据分析有助于提高服务质量。经过监测和分析服务中心的绩效数据，可以实时发现潜在的问题，并迅速采取纠正措施。这有助于预防错误的发生，提高数据准确性和服务质量，增强客户满意度。数据分析还能为服务中心提供客户洞察。经过分析客户的需求、投诉和反馈数据，服务中心可以更好地了解客户期望，调整服务策略，提供更贴近客户需求的服务。科技工具的运用还能帮助服务中心进行预测性分析。经过建立模型和算法，服务中心可以预测未来可能出现的问题、需求趋势和运作瓶颈，提前制定应对策略，更好地应对未来的挑战。利用科技工具进行数据分析是提升财务共享服务中心运作效能的重要手段。经过深入研究运作数据，服务中心可以更智能地优化流程、提高效率，并根据客户反馈不断改进服务质量。这将有助于服务中心更好地满足业务需求，提升整体绩效水平。

（三）持续的流程优化

制定并执行持续流程优化计划，以反馈评估和数据分析的结果。优化工作包括标准化流程、简化操作、增强自动化等，以降低成本、提高效率和减少潜在错误。制定并执行持续流程优化计划是确保服务中心不断改进的基础。这需要建立一个明确的优化计划，包括明确的优化目标、时间表和责任人。该计划应该根据定期的绩效评估和数据分析的结果进行调整，以确保优化方向与实际需求紧密契合。标准化流程是流程优化的重要环节。经过制定和遵循标准操作流程，可以降低操作的不确定性，提高工作的规范性。标准化流程还有助于培训新员工，确保他们能够迅速熟悉并执行财务流程。简化操作是流程优化的另一个重要方面。经过精简流程步骤和减少冗余操作，可以提高工作效率，降低处理时间。简化操作还有助于减少潜在的错误和提高工作精确度。增强自动化是流程优化的有效手段。利用先进的财务管理系统、工作流程自动化工具等，可以将一些重复性、繁琐的任务自动化处理。这不仅提高了效率，还降低了人为错误的风险。流程优化应该是一个持续性的过程，而不是一次性的工作。经过定期检视和调整流程，服务中心可以随时适应业务需求的变化，保持对市场变化的灵活响应能力。持续的流程优化是确保财务共享服务中心保持高效运作和不断适应变化的关键因素。经过标准化、简化和自动化流程，服务中心可以提高工作效率、降低成本，并不断提升服务质量，以满足客户需求和市场竞争的要求。

（四）定期培训与知识更新

为团队成员提供定期培训，确保他们了解最新的财务管理法规和技术趋势。更新团队的知识和技能，以适应不断变化的业务环境和科技发展。经过持续改进和优化，财务共享服务中心能够不断提高其运作效率、质量和适应性，为企业提供可靠的财务支持，促使整体业务更好地适应市场变化和业务需求。定期培训是确保团队成员了解最新财务管理法规和技术趋势的有效途径。财务领域的法规和标准经常发生变化，因此定期培训可以确保团队在法规方面始终保持敏感性。培训内容可以涵盖新的法规要求、会计准则的变化以及最新的财务科技工具的使用方法。知识更新是不断提升团队成员专业水平的必要手段。经过向团队成员提供最新的行业知识、研究报告和成功案例，可以激发团队的学习兴趣，使其能够深入了解行业趋势和最佳实践。知识更新也包括了解新兴技术、数字化转型和智能财务解决方案，以使团队能够更好地适应科技发展的变革。定期培训与知识更新有助于提高团队的适应性。在不断变化的业务环境中，团队需要具备适应新挑战和新技术的能力。经过定期培训，团队成员能够及时获取新知识，灵活调整工作方法，以更好地适应市场变化和业务需求。培训还可以提高团队成员的综合素质，包括沟通能力、团队协作能力和问题解决能力。这些素质对于财务共享服务中心的协同运作和应对复杂业务问题至关重要。定期培训与知识更新是确保财务共享服务中心团队始终保持专业水平、适应不断变化的业务环境的关键步骤。经过不断提升团队的知识储备和技能水平，服务中心能够更好地履行其财务支持职能，为企业提供可靠的财务服务。

经过建立财务共享服务中心、标准化财务流程、引入先进的财务科技、培养专业团队以及持续改进和优化等五个层面，企业可以有效启动财务转型，提高财务管理效能。

第二节　企业司库企业财务转型的方向

一、数字化支付和收款体系

引入先进的数字支付和收款系统，提高支付效率和准确性。经过整合电子支付工具和区块链技术，实现安全、快速的交易，降低支付风险，同时优化企业的现金流管理。

（一）引入先进数字支付工具

引入先进的数字支付工具是企业在金融领域迈向数字化时的一项关键举措。这一战略不仅提高了支付的便捷性和实时性，还为企业带来了多方面的好处。移动支付和电子钱包等数字支付工具的引入提高了支付的便捷性。传统的纸质支付方式存在诸多不便，如需要携带现金、排队等问题。而数字支付工具经过手机或其他电子设备，让支付过程更加简便快捷。用户可以随时随地进行支付，不再受限于地点和时间，极大提升了支付的灵活性。实时性是数字支付工具的显著特点之一。传统的支票、汇票等支付方式可能需要较长的结算周期，而数字支付工具实现了即时结算。这意味着企业可以更迅速地完成交易，并在支付和收款方之间建立更紧密的商业关系。实时性也有助于降低企业的流动资金占用成本，提高资金的周转效率。数字支付工具的引入推动了企业与银行、支付平台等金融机构的合作。经过与这些机构合作，企业可以获取更多的金融服务，如融资、投资等。数字支付工具为企业提供了更广泛的金融生态系统，使其能够更好地整合金融资源，实现全方位的财务管理。数字支付工具还提高了支付的安全性。相比现金支付，数字支付工具经过密码、指纹识别等多重身份验证方式，提供了更高的安全性保障。这有助于减少现金交易中的安全隐患，降低企业面临的盗窃和欺诈风险。在客户体验方面，数字支付工具也起到了积极作用。用户可以方便地追踪和管理自己的支付记录，实现个性化的支付设置。这提升了用户对企业的满意度，同时也有助于企业建立更紧密的客户关系。引入先进的数字支付工具是企业在数字化转型过程中的一项战略举措。经过提高支付的便捷性、实时性和安全性，加强与金融机构的合作，企业能够更好地适应数字经济时代的商业环境，提升自身竞争力。

（二）利用区块链技术提升安全性

利用区块链技术提升支付系统的安全性是一项具有前瞻性和创新性的决策。区块链技术，作为一种去中心化、分布式的账本技术，为支付和收款系统带来了多重安全性的提升。区块链的不可篡改性是其最为突出的特点之一。每一笔交易都被记录在区块链上，并经过密码学的方式链接在一起，形成不可篡改的区块。这意味着一旦一笔交易被确认，就不容易被修改或删除，有效防范了支付过程中的欺诈行为。支付数据的透明性和不可篡改性为企业和用户提供了更高水平的交易可信度，降低了支付过程中的风险。去中心化的特性使得区块链支付系统更加安全。传统的中心化支付系统容易成为攻击目标，一旦中心节点遭到攻击或失效，整个支付系统可能受到严重影响。而区块链技术经过分布式存储和共识机制，消除了单点故障的风险。即便部分节点受到攻击，整个系统仍能够正常运行，提高了支付系统的抗攻击性。区块链技术也为支付系统引入了智能合约的概念。智能合约是一种基于区块链的自动化合同，可以在满足特定条件时自动执行。经过智能合约，支付和收款过程可以在不需要中介的情况下进行，减少了第三方风险和交易成本。智能合约的执行依赖于事先设定的规则，使得支付过程更加透明、高效和安全。区块链技术还有助于提高支付系统的隐私性。传统支付系统中，用户的交易信息可能会被中心化机构收集和滥用。而区块链技术经过采用匿名地址和零知识证明等隐私保护技术，保障了用户的支付隐私，使得交易参与者的身份和交易细节得以保密。利用区块链技术提升支付系统的安全性是一个有前景的战略选择。经过不可篡改性、去中心化、智能合约和隐私保护等特性，区块链技术为支付和收款系统提供了更高水平的安全性，有效应对了支付过程中的欺诈和风险，为企业和用户创造了更加安全可靠的支付环境。

（三）实现安全、快速的交易流程

引入数字支付系统是一项有效的战略决策，旨在提升企业内外交易流程的安全性和效率。数字支付系统以其快速、安全的特点，为企业创造了更加便捷和高效的交易环境。数字支付系统极大地提高了支付的快速性。传统的纸质支付方式可能涉及繁琐的手续和邮寄时间，导致支付周期较长。而数字支付系统能够实现即时的资金转移，使得企业能够在短时间内完成交易，提高了资金周转效率。这对于需要迅速响应市场变化、进行紧急支付的业务来说尤为重要。数字支付系统极大地提升了支付的安全性。传统纸质支付往往伴随着资金流动的不透明性和手工处理的风险，容易受到各种欺诈和错误的影响。而数字支付系统采用先进的加密技术和安全协议，确保了支付过程中的数据传输和存储的安全。用户可以经过多层身份验证、加密通信等手段，保障支付信息的机密性，有效防范了支付过程中的潜在风险。数字支付系统降低了交易的操作成本。传统的纸质支付方式需要考虑邮寄、手续费等方面的成本，而数字支付系统减少了这些环节，使得支付过程更为经济高效。企业能够经过数字支付系统实现自动化处理，减轻了财务人员的工作负担，提高了整体的操作效率。数字支付系统还具备便于管理和追踪的优势。经过系统记录，企业可以方便地追踪每一笔支付的状态和历史，实现对资金流动的全面监控。这有助于企业进行财务分析和规划，更好地管理资金流动，提升财务决策的准确性。引入数字支付系统是一项在当前数字化时代具有前瞻性的决策。经过提高支付的快速性、安全性，降低操作成本，数字支付系统为企业打造了更加便捷和高效的交易流程，有助于企业更好地适应市场需求，提升整体竞争力。

(四) 优化企业现金流管理

数字支付系统的数据分析功能为企业现金流管理提供了强大的支持。经过对支付和收款数据的实时监控和分析，企业能够更精准地了解资金流动的情况，实现优化现金流管理的目标。数字支付系统可以提供实时的支付和收款数据。传统的现金流管理往往依赖于周期性的报表和手工录入，容易出现信息滞后的情况。而数字支付系统能够实时记录每一笔交易，包括付款和收款的时间、金额等详细信息。这使得企业可以随时了解资金的实际流动情况，及时掌握财务状况。数字支付系统的数据分析功能可以帮助企业进行更精准的资金预测。经过对历史支付和收款数据的分析，系统可以识别出潜在的支付和收款趋势，帮助企业更准确地预测未来的资金需求和流动性状况。这有助于企业制定更科学合理的资金计划，避免资金紧张或过度闲置的情况。数字支付系统还能够帮助企业识别和管理付款和收款的延迟。经过分析交易数据，系统可以发现支付和收款的滞后情况，提醒企业及时处理，防止资金卡在某个环节导致不必要的问题。这有助于提高企业的现金流动性，降低资金占用成本。数字支付系统的数据分析功能为企业提供了更多的决策支持。经过深度分析支付和收款数据，企业可以发现潜在的优化点，制定更合理的财务策略。这有助于企业更好地应对市场变化，提高对不确定性的适应能力。数字支付系统的数据分析功能为企业现金流管理提供了全面、实时的信息支持，有助于企业更精准地进行资金预测和规划，优化现金流管理，提高财务运作效率。

二、利用人工智能进行预测性财务分析

整合人工智能技术，利用大数据进行预测性财务分析。经过算法模型，预测企业未来的财务趋势，提前识别潜在的风险和机会，为决策提供更准确的财务预测。

（一）整合人工智能技术

整合人工智能技术是一项具有前瞻性和创新性的举措，可以为企业的财务管理带来许多优势。引入机器学习和深度学习等人工智能技术，将对大量财务数据进行整合和分析，为企业提供更智能、精准的财务决策支持。经过机器学习算法的应用，系统能够自动学习和识别财务数据中的模式和趋势。这使得系统能够更准确地进行数据分类、预测和分析，帮助企业更好地理解其财务状况。例如，系统可以经过学习历史数据，识别出不同财务指标之间的关联性，为企业提供更深层次的洞察。深度学习技术的应用可以进一步提高对复杂财务数据的处理能力。深度学习模型具有处理非线性关系和大规模数据的能力，能够更全面地分析企业财务情况。这有助于发现潜在的风险因素、挖掘商业机会，并为企业提供更全面的财务管理建议。人工智能技术的整合还可以实现财务流程的自动化和智能化。经过将机器学习算法嵌入到财务软件中，系统可以自动进行数据录入、分类和分析，减轻财务人员的工作负担。这样的自动化处理不仅提高了工作效率，还减少了人为错误的发生，提高了数据的准确性和可靠性。人工智能技术还能够在预测和决策方面提供支持。经过分析市场趋势、经济指标等大量数据，系统可以预测未来的财务走势，并为企业提供相应的战略建议。这有助于企业更灵活地应对市场的变化，提高决策的科学性和准确性。整合人工智能技术为企业的财务管理带来了全新的可能性，可以提高数据处理和分析的智能化水平，为企业提供更全面、准确的财务决策支持。这是一项有助于企业在竞争激烈的商业环境中保持竞争力的重要举措。

（二）利用大数据进行预测性分析

利用大数据进行预测性分析是一项能够为企业带来深远影响的战略。经过对海量历史财务数据进行挖掘和分析，企业可以更全面地了解业务运营的规律和趋势，建立更准确的预测模型。大数据预测性分析可以帮助企业识别和理解关键的财务特征。经过对历史数据的深入挖掘，系统可以识别出对企业财务状况影响较大的因素，如销售额、成本结构、市场需求等。这有助于企业更准确地把握业务关键驱动因素，提高预测的精准性。大数据分析可以发现潜在的趋势和模式。经过对历史数据进行时间序列分析、趋势分析等方法，企业可以发现财务数据中的周期性波动、季节性变化等规律。

这样的发现有助于建立更具预测性的模型，使企业能够更好地预测未来的财务走势。大数据预测性分析还可以应用机器学习算法，经过训练模型预测未来的财务状况。这包括利用回归分析、神经网络、决策树等算法，构建能够自动学习和适应的预测模型。这使得企业能够更灵活地应对不断变化的市场环境，提高预测的准确性和时效性。大数据预测性分析也能够帮助企业进行风险管理。经过对潜在风险因素的分析，企业可以提前识别并应对可能对财务状况产生负面影响的因素，降低业务风险。利用大数据进行预测性分析为企业提供了更全面、精准的财务预测能力。这种方法不仅有助于提高企业对未来的规划和决策的准确性，还能够增强企业在市场中的竞争力。

（三）预测未来财务趋势

预测未来的财务趋势是企业战略规划中至关重要的一环。借助人工智能模型的分析，企业能够更准确地预测未来的销售收入、成本、利润等方面的变化趋势，制定更有针对性的财务战略和应对计划。人工智能模型可以经过学习历史数据中的关联性和规律性，预测未来销售收入的趋势。经过深入挖掘市场需求、产品销售情况、竞争态势等因素，模型能够识别可能影响销售收入的关键因素，并进行准确的趋势预测。这使得企业能够更有信心地规划生产、库存和市场推广策略，以适应未来的市场需求。人工智能模型也能够对成本方面的趋势进行预测。经过分析原材料价格、生产效率、劳动力成本等因素，模型可以提前预警可能的成本波动，帮助企业制定灵活的成本控制策略。这对于确保企业在竞争激烈的市场中保持竞争力至关重要。利用人工智能进行利润的预测也是重要的一步。模型可以综合考虑销售收入和成本的预测，为企业提供对未来利润水平的合理估计。这有助于企业进行财务规划，优化利润结构，确保企业的长期盈利能力。经过对未来财务趋势的预测，企业能够更主动地应对市场变化，降低经营风险，提高决策的科学性。人工智能模型的使用使得这一过程更加智能化和精准，为企业提供了更可靠的财务规划基础。

（四）提前识别潜在风险和机会

人工智能的预测性分析在提前识别潜在风险和机会方面发挥着关键作用。经过深度学习和模型训练，人工智能系统能够分析大量历史数据，识别出与潜在风险或机会相关的模式和趋势。在识别潜在财务风险方面，人工智能可以分析多个变量，包括市场因素、经济环境、行业竞争等，以预测可能对企业产生不利影响的因素。这使得企业能够及早采取措施，降低潜在的损失，调整经营策略以适应变化的市场条件。人工智能也能够帮助企业提前识别商机。经过分析市场趋势、消费者行为、新技术的发展等信息，系统可以预测未来可能出现的机会，为企业提供抓住市场变化的先机。这有助于企业及时调整产品、服务或营销策略，以更好地满足市场需求并获取竞争优势。提前识别潜在风险和机会不仅能够降低企业的经营风险，还能够增加战略灵活性。企业可以在竞争对手之前采取行动，更好地适应市场的动态变化，保持竞争优势。人工智能的预测性分析为企业提供了更深入的洞察力，使其能够更有针对性地应对财务挑战和机遇，提高经营的智能性和灵活性。

三、虚拟财务管理与咨询服务

探索虚拟财务管理和咨询服务，利用远程工作和云计算技术，建立具有高度灵活性的虚拟财务团队。经过远程合作平台，实现财务专业知识的分享和全球性的财务管理支持。

（一）虚拟财务管理团队

构建虚拟财务管理团队是一种创新的管理模式，经过充分利用云计算技术和远程工作平台，实现专业人士在不同地理位置之间的协同合作。这种团队模式在当今数字化时代具有显著的优势，为企业提供了更灵活、高效的财务管理解决方案。虚拟财务管理团队经过云计算技术实现了信息的实时共享和存储。团队成员可以经过云端平台访问共享的财务数据、文档和工具，无论身处何地都能够获得最新的信息。这种即时性和共享性使得团队成员能够更加紧密协作，提高工作效率。虚拟财务管理团队的跨地域性质为企业招募和配置高水平的专业人才提供了更大的空间。不再受制于地理位置的限制，企业可以从全球范围内挑选最适合其需求的专业人士，搭建更具实力和多元化的团队。这有助于解决传统办公模式下人才匮乏或分布不均的问题。虚拟财务管理团队经过远程工作平台实现了工作的弹性安排。团队成员可以更自由地选择工作时间和工作地点，提高了工作的灵活性和员工的满意度。这对于吸引和保留高素质的财务专业人才具有重要意义，同时也有助于提升整个团队的工作效能。虚拟财务管理团队还能够更好地应对突发情况和灾害性事件。由于团队成员分散在不同地区，即使发生自然灾害、公共卫生事件等情况，团队仍能够保持运作，减轻了企业面临的风险。然而，要构建一个成功的虚拟财务管理团队，企业需要关注团队协作工具的选择和培训，确保团队成员能够熟练使用远程工作平台。建立清晰的沟通和协作流程，加强团队的凝聚力和协同能力，是实现虚拟团队成功运作的关键。经过合理的管理和技术支持，虚拟财务管理团队将为企业带来更大的灵活性和效益。

（二）远程合作平台

远程合作平台在构建虚拟财务管理团队中扮演着关键的角色。这些平台包括各种在线会议工具和协作软件，为团队提供了实时的沟通和协作环境，提高工作效率、促进信息共享，并确保任务能够及时完成。在线会议工具为虚拟团队提供了面对面的沟通体验。经过视频会议，团队成员可以实时交流、讨论项目进展和解决问题，仿佛身临其境一般。这种亲密的交流方式有助于增进团队合作的默契，缓解因地理分散而产生的沟通障碍，提高工作的效果。协作软件为虚拟团队提供了共享文档和实时协同编辑的功能。团队成员可以同时编辑文件、共同撰写报告，而无需物理上聚在一起。这种协同工作的方式加速了信息的传递和处理，减少了传统邮件沟通所带来的延迟和不便。远程合作平台还提供了任务管理和进度跟踪的工具。团队成员可以在协作软件中设定任务、制定计划，并随时了解项目的进展情况。这有助于确保每个成员都清晰了解自己的责任和任务，提高整个团队的协同效率。关键的一点是，远程合作平台能够克服时区和地理位置的差异。不同团队成员可能分布在全球不同的地区，而在线协作工具能够打破时空限制，让团队成员在方便的时间内进行协同工作，确保团队的高效运作。然而，为了充分利用远程合作平台，团队成员需要接受相应的培训，以熟悉和掌握这些工具的使用方法。企业还应定期更新和升级工具，以确保其能够满足不断变化的团队协作需求。经过有效利用远程合作平台，虚拟财务管理团队能够充分发挥其协同潜力，实现更高效的工作流程。

（三）财务专业知识的分享

在构建虚拟财务管理团队时，财务专业知识的分享是至关重要的环节。经过在线培训和知识分享平台，团队成员可以实现财务专业知识的传递和共享，保持对最新财务法规和行业趋势的了解，提高整体业务水平。经过在线培训，团队成员可以参与各类财务专业知识的学习和培训活动。这种培训形式可以包括网络研讨会、在线课程等，使团队成员能够随时随地获取相关知识。培训内容可以涵盖财务法规更新、会计准则变化、最佳实践分享等方面，确保团队成员保持对财务领域最新发展的敏感性。知识分享平台的建立促进了团队内部的交流和互动。经过在线平台，团队成员可以分享自己的经验、洞见和解决问题的方法。这种分享机制有助于形成共同的知识库，团队成员可以从彼此的经验中学习，共同应对复杂的财务管理挑战。这样的知识分享平台可以包括在线论坛、内部博客、专业社交媒体群组等形式。经过参与这些平台，团队成员可以提出问题、分享见解，形成共同学习的氛围，不仅促进了财务专业知识的传递，也加强了团队之间的联系。在建立虚拟财务团队时，财务专业知识的分享不仅仅是一次性的培训活动，更是一个持续的过程。企业可以制定定期的培训计划，确保团队成员时刻保持对财务领域的关注，并鼓励积极参与知识分享平台，共同促进整个团队的学习和成长。经过这种方式，虚拟财务团队能够不断提升业务水平，应对日益复杂和变化的财务环境。

（四）全球性的财务管理支持

构建虚拟财务管理团队的全球性特点为企业提供了更广泛的财务管理支持。无论企业在何处，都可以获得高质量的虚拟财务咨询和服务，增强企业的全球竞争力。虚拟财务管理团队的全球性特点使得企业可以跨越地域限制，灵活地配置全球范围内的财务专业人才。这意味着企业可以根据业务需求和时区差异，选择最合适的团队成员，确保在全球范围内实现财务管理的协同和高效运作。虚拟财务管理团队可以更好地应对不同国家和地区的财务法规差异。团队成员可以具备不同国家的法规和会计准则知识，以确保企业在全球范围内的财务运作符合当地法规要求。这有助于降低企业在国际业务中面临的合规风险。虚拟财务管理团队的全球性特点还能够更好地适应全球市场的变化。团队成员可以及时了解各个国家和地区的经济动向、市场趋势，为企业提供及时的财务建议和战略规划，以更好地适应全球化竞争环境。虚拟财务管理团队的全球性支持使得企业能够更加灵活地扩大业务规模。无论企业是在本土市场拓展还是进军国际市场，都能够依托虚拟财务管理团队提供的全球性服务，更好地应对业务增长和扩张的挑战。虚拟财务管理团队的全球性特点为企业提供了更多可能性，为其在全球范围内实现财务管理的灵活性、合规性和竞争力提供了有力支持。

四、区块链技术应用于财务审计

将区块链技术应用于财务审计过程，实现财务信息的去中心化和透明化。经过区块链的不可篡改性，提高审计的准确性和可信度，降低潜在的财务造假风险。

（一）区块链的去中心化特性

区块链的去中心化特性是财务领域中一项革命性的技术创新，为传统的中心化财务系统带来了全新的解决方案。这一特性使得财务数据从传统的单一中心化存储结构转变为分布式存储在多个节点上，带来了一系列深远的影响。去中心化的特性保障了财务信息的高度可靠性。在传统中心化系统中，数据存储在单一服务器或数据库中，一旦该中心节点遭受到故障、攻击或其他问题，整个财务系统可能面临瘫痪的风险。而在区块链中，财务数据被复制并存储在网络中的多个节点上，每个节点都拥有完整的数据副本。即使部分节点发生问题，系统依然能够正常运作，保障了财务信息的持久可靠性。去中心化结构提高了财务数据的安全性。区块链采用了先进的加密技术，确保了数据的机密性和完整性。每一笔交易都被加密，并经过网络中多数节点的确认才能被添加到区块链中，这使得数据更难以被篡改或遭到恶意攻击。这一安全性的提升对于财务数据的保护至关重要，尤其是在信息安全日益成为重要问题的今天。去中心化带来了财务信息的透明度和可追溯性。区块链的交易记录是公开可见的，每个参与者都可以查看整个账本的历史交易。这为财务信息的透明度提供了基础，使得每一笔交易都可以被追溯到其发生的时间和参与者。透明度的提高有助于建立信任，尤其在金融和财务领域，信任是至关重要的。进一步地，去中心化结构降低了中介成本。传统财务系统中，中介机构如银行、支付平台等参与了交易的中间环节，增加了操作和管理的成本。在区块链中，由于去中心化的特性，可以消除或减少中介机构的参与，降低了相关的运营成本和费用。这对于提高财务效率、加速交易速度具有积极的影响。区块链的智能合约功能与去中心化相辅相成。智能合约是一种能够自动执行合同条款的计算机程序，经过它，财务交易和合同的执行可以在不需要中介的情况下自动进行。这进一步提高了效率，降低了人为错误的可能性。区块链的去中心化特性对财务领域带来了革命性的改变，从可靠性、安全性、透明度、中介成本等多个方面带来了积极的影响。这为未来财务系统的构建提供了更加可持续和创新的路径。

（二）透明的财务信息

区块链的透明性是其独特的特征之一，对于财务信息的可审计性和可追溯性有着显著的影响。在传统财务系统中，财务信息通常由中心化的机构或公司维护，审计人员需要依赖这些机构提供的报告和数据来进行审计。而区块链的透明性打破了这种模式，为审计工作提供了更为高效和可靠的手段。区块链中的每一笔财务交易都被记录在不可篡改的区块上。这意味着一旦一笔交易被确认，它将永久地存储在区块链网络中，不容易被篡改或删除。这为审计提供了一个可靠的基础，审计人员可以直接访问区块链上的数据，而不必依赖于可能存在的人为或系统错误。所有参与方都能够访问和验证区块链上的财务信息。这种去中心化的结构意味着财务数据不再受限于单一实体的控制，而是分布在整个网络中。审计人员可以经过节点验证交易的合法性，而不必依赖于中介机构提供的信息。这种透明性有助于减少信息不对称，提高审计的客观性和准确性。区块链的透明性加强了财务活动的可追溯性。由于每一笔交易都与前一笔交易相连，形成了连贯的区块链，审计人员可以轻松追踪特定资产或交易的历史记录。这对于发现潜在的错误、欺诈行为或违规操作具有重要意义，使得财务数据更具可信度。区块链的透明性为财务审计提供了新的范式。它使审计过程更为高效、实时，并减少了对第三方中介的依赖。这种变革性的特性有助于构建更加透明、安全和可信的财务体系，提升了整个财务领域的可持续性和创新性。

（三）不可篡改性提高审计准确性

不可篡改性是区块链技术的一项关键特性，对审计工作的准确性和可信度产生了深远的影响。在传统的审计过程中，人为的错误、数据篡改或欺诈行为可能导致审计结果的不准确性，因为财务数据通常存储在中心化的数据库中，容易受到内部或外部的恶意攻击。区块链的不可篡改性解决了这一问题。一旦一笔财务交易被添加到区块链上，它将以加密的方式链接到前一块，形成一个不断增长的区块链。每个区块都包含着前一区块的哈希值，而且这个哈希值会受到后续区块的影响，因此任何试图篡改前面的交易数据都会导致整个区块链的变化，变得极为困难。这种不可篡改性极大地提高了审计的准确性。审计人员可以确信他们查看的财务记录是完全真实、未经篡改的。这减少了审计过程中的人为错误，增加了审计结果的可信度。审计人员可以依赖区块链上的数据，而无需过多关注数据是否受到潜在的人为干扰。不可篡改性还有助于发现潜在的欺诈行为。如果有人试图在财务记录中进行篡改，这种尝试将立即在区块链上留下痕迹，引起其他节点的警觉。这提高了审计人员发现潜在问题的敏感性，有助于提前发现并解决潜在的财务风险。区块链的不可篡改性为审计工作提供了更为坚实的基础，确保了审计结果的准确性和可靠性，为企业和审计机构提供了更高水平的财务保障。

（四）降低财务造假风险

区块链的智能合约是一项强大的功能，它可以在财务交易中自动执行预先设定的规则，无需中间人的干预。这一特性在很大程度上降低了财务造假的风险，同时提高了审计的可信度和效率。智能合约是以代码形式存在于区块链上的自动执行合同。当事务满足预设条件时，智能合约会自动执行相关的操作，而无需人工干预。在财务领域，智能合约可以被设计用来自动执行支付、触发特定的财务流程，或者在满足一定条件时进行资产转移等操作。这种自动执行的特性有助于防范财务造假。传统审计过程中，往往需要花费大量时间和人力来核实和验证财务交易的真实性。而区块链上的智能合约可以经过提前设定的规则，实现对财务交易的实时监控和自动验证。这样一来，即便是潜在的财务造假行为也很难经过系统的自动验证，降低了财务数据的篡改风险。智能合约还可以为审计人员提供更直观的审计路径。由于智能合约的执行过程是透明的，审计人员可以轻松地跟踪每一笔财务交易的执行情况，确保交易符合合同规定，提高审计的效率。区块链的智能合约功能不仅提高了审计的效率，降低了财务造假风险，同时也为审计工作提供了更加可信的基础。这对于建立透明、高效的财务管理体系具有重要意义。

第六章 新经济下的企业财务信息化规划与创新实践

第一节 信息技术对企业财务管理的影响

一、自动化财务处理的影响

自动化财务处理对企业的财务管理产生了深远的影响，从提高效率到降低错误风险，全方位地改善了财务运营。自动化财务处理显著提高了处理速度。传统的手工财务任务可能需要大量的时间和人力，而自动化系统可以在瞬间完成复杂的财务操作。这不仅节省了时间，也使得企业能够更快速地响应市场变化和业务需求。例如，自动化的发票处理系统可以迅速而准确地识别和记录大量的发票信息，大大提高了整个财务流程的效率。自动化降低了人为错误的风险。手工录入和处理财务数据时，由于人为因素可能导致错误的发生，例如输错数字、漏掉关键信息等。自动化系统经过减少人工干预，降低了这些潜在错误的发生概率。财务数据的准确性对于企业的决策制定和财务报告至关重要，自动化的财务处理在这方面发挥了关键作用。自动化财务处理提升了数据的一致性和标准化水平。系统可以根据预设的规则和标准自动执行财务流程，确保每一笔交易都符合公司的财务政策和法规要求。这有助于建立更加一致的财务数据体系，使得企业能够更好地监控和管理自身的财务状况。自动化财务处理还加强了内部控制和合规性。经过自动执行审计跟踪、访问控制和风险管理等功能，系统可以有效监控财务活动，及时发现潜在的问题。这对于确保企业合规性和防范财务风险至关重要，尤其是在法规繁杂的商业环境中。自动化财务处理对企业的影响是多方面的，包括提高效率、降低错误风险、提升一致性和加强内部控制。这使得企业能够更加灵活、可靠地进行财务管理，为持续发展奠定坚实的基础。

二、实时数据分析的影响

实时数据分析的引入对企业的财务管理带来了深远的影响，为管理层提供了更迅速、准确的决策支持，提高了企业的竞争力。实时数据分析缩短了决策周期。传统上，企业依赖历史数据和定期报告来做出决策，这可能导致对市场变化的滞后反应。而实时数据分析使得企业可以在数据产生的瞬间进行分析，迅速捕捉市场变化和业务趋势。管理层可以更及时地调整战略，制定更灵活的业务计划，更好地适应不断变化的市场环境。实时数据分析提高了数据的准确性和可靠性。及时收集和分析数据可以降低错误的风险，确保企业在做出决策时依赖于最新、最准确的财务信息。这对于制定战略、优化资源配置和进行风险管理至关重要，尤其是在竞争激烈的商业环境中。实时数据分析还加强了企业对客户和市场的了解。经过实时监控客户行为、市场趋势和竞争对手动向，企业可以更全面地理解市场需求和客户反馈。这有助于企业更精准地调整产品策略、定价政策和营销活动，提高客户满意度，拓展市场份额。实时数据分析有助于风险管理。企业可以即时发现潜在的财务风险和问题，采取及时的措施防范损失。这对于保障企业的财务稳定性和可持续性非常重要，特别是在面临不确定性和市场波动性较大的时候。实时数据分析促使企业构建更敏捷和反应迅速的组织文化。管理层和团队成员都能够更加敏感地感知市场动态，更加灵活地调整工作重心。这有助于企业在竞争中保持领先地位，不断创新和改进。实时数据分析的影响深远而多重，涵盖了决策速度、数据准确性、客户理解、风险管理和组织文化等方面。这使得企业能够更好地适应快速变化的商业环境，提高整体竞争力。

三、云计算对成本结构的影响

云计算对企业成本结构的影响是深远而积极的，主要表现在降低硬件成本、提高灵活性和优化资源利用三个方面。云计算经过将财务系统迁移到云端，显著降低了企业的硬件成本。传统上，企业需要购买昂贵的服务器、存储设备和网络设备，以搭建和维护自己的数据中心。这不仅需要大量的资金投入，还需要专业的人力来管理和维护硬件设备。而云计算服务提供商将这些硬件资源集中托管在云端，企业只需按需使用，无需购买和维护大量硬件，降低了硬件成本的负担。云计算提高了企业的灵活性。云计算服务以按需付费的模式提供，企业可以根据实际需求灵活调整资源规模。这种弹性计算的特性使得企业能够更好地适应业务的变化，无论是应对季节性高峰还是扩大业务规模，都能够迅速调整云资源，避免了因为硬件限制而导致的性能瓶颈。云计算优化了资源利用，提高了成本效益。云计算服务商经过多租户模式，将云端资源共享给多个用户使用，实现资源的最大化利用。这种资源共享模式可以降低每个企业的成本，因为多个用户共享同一组硬件资源，减少了资源浪费。云计算服务商通常拥有规模经济的优势，能够提供更经济实惠的服务，相比企业自建数据中心更加成本效益。云计算经过降低硬件成本、提高灵活性和优化资源利用，对企业成本结构产生了积极的影响。这使得企业能够更专注于核心业务，更灵活地应对市场变化，同时实现更高的成本效益。

四、数据安全与隐私的影响

数据安全和隐私问题是信息技术发展的必然关注点，对企业的影响十分深远。随着财务数据的数字化和网络化，以下是数据安全与隐私方面的主要影响：企业需要投资于强化安全防护措施。财务数据是企业最为敏感和重要的资产之一，一旦遭到未经授权的访问或泄露，可能导致严重的财务损失和声誉问题。企业必须采取一系列的安全措施，包括数据加密、访问控制、网络安全防护等，以确保财务数据的完整性和保密性。合规性成为企业必须考虑的重要方面。随着数据隐私法规的不断完善和实施，如欧洲的通用数据保护条例（GDPR）等，企业需要确保其财务数据的处理和存储符合相关法规和合规性标准。这包括明确用户数据的使用目的、取得合法授权以及在数据泄露时及时通知相关当事人等。企业还需要关注供应链和第三方合作伙伴的安全性。很多企业在财务处理中会涉及到与供应商、合作伙伴等第三方的数据共享，因此需要确保这些合作方同样符合高标准的数据安全和隐私要求，以防范外部威胁和风险。数据安全和隐私的影响要求企业不仅在技术上强化安全措施，还需要制定和执行严格的数据管理政策，并不断关注法规的变化，确保企业在数字化时代能够在合规性和安全性方面取得平衡。这不仅是对财务数据的保护，更是对企业整体稳健运营的关键因素。

五、移动端应用对灵活工作环境的影响

移动端应用使得财务团队能够随时随地访问财务信息，加强实时沟通。这促进了更灵活的工作环境，有助于提高响应速度和员工的工作效率。实时访问财务信息。经

过移动端应用，财务团队成员可以随时随地访问企业的财务数据和报表。这不仅提高了工作的灵活性，也加速了信息传递的速度。在需要紧急处理事务或进行决策时，团队成员无需受限于办公室环境，能够经过手机或平板轻松获取所需信息，实现即时响应。强化实时沟通。移动端应用为团队成员提供了更便捷的沟通工具，包括即时通讯、在线会议等功能。这有助于加强团队内部的协作，减少信息传递的滞后时间。团队成员可以随时交流想法、解决问题，提高了工作效率，特别是在面对紧急情况时更加便捷。促进灵活工作环境。移动端应用的使用使得财务团队不再受限于传统的办公室工作模式。成员可以选择在更为舒适的环境中工作，例如在家办公、在旅途中处理财务事务等。这种灵活性有助于提高员工的工作满意度和生产力，同时有助于企业更好地吸引和留住人才。移动端应用的普及使得财务团队在工作方式上发生了积极的变革，强调了实时性、灵活性和协作性。这对于适应现代化的工作需求，提高企业的竞争力都具有重要的积极作用。

第二节　智能时代影响财务的新信息技术

一、人工智能在财务分析中的应用

人工智能技术，如机器学习和深度学习，使得财务数据的处理更为智能化。系统能够识别复杂的模式，提供更准确的财务分析和预测，有助于企业更好地制定战略和决策。

（一）数据挖掘与模式识别

数据挖掘与模式识别是人工智能在财务分析领域的核心任务，为企业提供了更深层次的洞察和决策支持。数据挖掘的重要性。在当今数字化时代，企业积累了大量的财务数据，包括收入、成本、投资等方面的信息。这些数据蕴含着丰富的信息，但往往需要先进的技术来挖掘和理解。数据挖掘技术经过运用机器学习、统计分析等手段，能够从海量数据中提取关键信息，识别潜在的模式，揭示数据间的复杂关系。模式识别的应用。经过数据挖掘，模式识别技术能够帮助财务团队识别和理解财务数据中的规律和趋势。这包括但不限于发现业务周期、识别销售增长模式、预测市场需求等方面。对这些模式的准确识别有助于企业更好地规划战略、调整经营策略，以及更迅速地应对市场变化。进一步地，数据挖掘与模式识别在风险管理中的应用。财务领域面临的风险多种多样，包括市场风险、信用风险等。经过对历史数据的挖掘和模式的识别，人工智能可以辅助企业识别潜在的风险因素，并提供预测性的分析，帮助企业制定有效的风险管理策略。模型的优化和迭代。机器学习模型的建立是一个迭代的过程，经过不断优化模型，使其更适应企业实际情况。这需要不断收集新的数据，更新模型，以确保其在不断变化的市场环境中保持准确性和可靠性。财务决策的支持。经过数据挖掘和模式识别，人工智能为财务团队提供更精准的数据分析和预测，为决策提供更可靠的支持。这有助于企业更好地理解市场趋势、调整财务策略，提高决策的科学性和准确性。综上所述，数据挖掘与模式识别的应用使得财务分析变得更加深入和全面，为企业提供了更强大的数据驱动决策能力，助力其在竞争激烈的市场中更好地前行。

（二）预测性分析提高准确性

预测性分析是人工智能在财务领域的关键应用之一，特别是经过深度学习算法，其在提高准确性方面发挥了重要作用。深度学习的背景。深度学习是一种机器学习的分支，经过模仿人脑神经网络的结构，使计算机能够学习和理解复杂的非线性关系。在财务领域，深度学习可以用于处理大规模、高维度的财务数据，发现其中的潜在规律。多变量和复杂关系的考虑。传统的预测模型可能只考虑少数几个变量，而深度学习模型能够同时处理大量变量，并理解它们之间的复杂关系。在财务分析中，企业的财务状况受多种因素影响，包括市场环境、经济状况、行业竞争等。深度学习的能力使得模型更能捕捉这些因素之间的非线性关系，提高了预测的准确性。进一步地，未来财务趋势的预测。深度学习算法经过对历史财务数据的学习，能够预测未来的财务趋势，包括但不限于销售收入、成本、利润等方面的变化。这为企业提供了更准确的未来预期，有助于制定更科学的财务计划和决策。风险的提前识别。深度学习模型在预测性分析中也能够帮助企业提前识别潜在的风险。经过分析财务数据和市场情况，模型可以发现一些潜在的财务风险因素，帮助企业在风险发生之前采取相应的措施，提高企业的财务稳健性。模型的灵活性和迭代。深度学习模型具有一定的灵活性，能够适应不断变化的财务环境。经过不断更新数据和迭代模型，企业可以确保预测性分析模型与时俱进，更好地适应市场和业务的变化。综上所述，深度学习算法在预测性分析中的应用，尤其是考虑多变量和复杂关系的能力，使得企业在未来财务决策中能够更为准确、科学地预测和规划。这为企业提供了更强大的工具，以更好地应对不断变化的商业环境。

（三）自动化报告与数据解释

自动化报告与数据解释是人工智能在财务领域的重要应用之一。自动生成财务报告。传统上，财务报告的生成通常需要财务专业人员花费大量时间和精力，特别是在处理大量数据时。人工智能经过自动化的方式，能够根据设定的规则和算法，从财务系统中提取必要的数据并自动生成财务报告。这不仅节省了时间，也减少了人为错误的风险，提高了报告的准确性。提供数据的解释和见解。人工智能系统可以经过对财务数据的深度学习，理解数据背后的模式和趋势，并将这些信息转化为可理解的语言。这使得非财务专业人员也能够轻松理解报告中的关键信息，促进了跨部门之间的沟通和合作。系统还可以提供对异常数据的解释，帮助用户更好地理解财务数据的特殊情况。进一步地，定制化报告和分析。人工智能系统可以根据用户的需求定制生成特定格式和内容的报告。这增加了报告的灵活性，使得财务专业人员能够更好地满足不同利益相关方的需求。系统还能够进行深度的数据分析，从多个角度提供对财务状况的全面解读，为决策提供更多信息支持。实时性的提高。自动生成财务报告的过程可以实现实时或近实时的更新，确保了报告的及时性。这对于企业管理层做出迅速决策、应对市场变化具有重要意义。而且，经过实时更新的报告，企业能够更及时地发现并解决财务方面的问题，保持业务的健康运营。系统的学习和优化。人工智能系统具有学习的能力，可以根据使用反馈和数据的变化不断优化自身的算法和模型。这使得系统能够适应不断变化的商业环境和用户需求，提高生成报告的智能化水平。综上所述，自动化报告与数据解释经过人工智能的应用，为财务专业人员提供了更高效、准确和灵活的财务报告生成方式，同时也促进了跨部门之间的信息共享和合作。这一应用使得企业在财务管理方面能够更好地适应现代商业环境的挑战。

（四）风险管理与异常检测

经过人工智能系统，企业可以更好地管理财务风险。系统能够检测异常模式，及时发现潜在的风险和问题，帮助企业采取预防措施，保护财务安全。异常检测的重要性。在财务管理中，异常数据往往是潜在风险的标志。经过人工智能系统，企业可以实现对大量财务数据的实时监控和分析，识别出与正常模式不符的异常情况。这有助于企业及时发现潜在问题，减少财务风险的发生概率。风险管理的全面性。人工智能系统不仅能够检测异常，还能够对各种财务风险进行综合性的管理。经过学习历史数据和风险模型，系统可以评估不同风险的概率和影响程度，帮助企业建立全面的风险管理策略。这包括市场风险、信用风险、操作风险等多个方面。进一步地，实时性的提高。人工智能系统能够在实时或近实时的基础上进行异常检测和风险管理。这意味着企业可以在风险发生之前迅速做出反应，采取相应的措施。实时性的提高对于防范财务风险、保障企业财务安全具有重要作用。自适应的风险模型。人工智能系统具有自适应学习的能力，能够根据不断变化的市场环境和业务条件调整风险模型。这使得风险管理更具灵活性和适应性，能够更好地适应不断变化的商业环境。自动化的风险应对措施。人工智能系统可以根据事先设定的规则和策略，自动触发相应的风险应对措施。这包括自动化的报警系统、风险分析报告生成等。这种自动化的应对方式有助于企业更迅速、更有效地应对财务风险。综上所述，风险管理与异常检测经过人工智能的应用，为企业提供了更全面、实时、自适应的财务风险管理能力。这有助于企业及时发现和应对潜在的风险，保障财务安全，提高整体经营的稳定性。

二、区块链技术对财务透明度的提升

区块链技术提供了去中心化的账本，确保财务信息的透明度。每一笔交易都被记录在不可篡改的区块中，降低了财务欺诈的风险，同时增强了企业与利益相关者之间的信任。

（一）去中心化账本的透明性

区块链技术经过建立去中心化的账本，使得企业的财务信息更加透明。所有参与者都能够实时查看、验证交易记录，建立起全球范围内的透明度标准。实时共享的特性。去中心化账本意味着所有参与者都可以实时共享同一份账本，而且该账本的更新是实时进行的。这消除了传统财务系统中由于信息延迟导致的不透明性，所有参与者都能够在同一时刻获取最新的财务信息。交易可追溯性。区块链中的每一笔交易都被记录在一个不可篡改的区块中，形成一个链式结构。这使得任何人都能够追溯每一笔交易的历史记录，了解其发生的时间、参与者和内容。这种可追溯性提高了整个财务过程的透明度，减少了信息不对称的可能性。进一步地，去中心化账本的公开性。区块链账本是公开可查的，任何参与者都可以访问。这使得透明度不仅在组织内部实现，在全球范围内也得到了保障。这对于满足监管要求、提高信任度和透明经营都具有积极的影响。防篡改的安全性。去中心化账本采用密码学和分布式存储等技术，保障了财务信息的安全性和不可篡改性。这确保了一旦信息被记录，就无法被修改或删除，增加了信息的可信度和透明性。去中心化账本的自治性。在区块链中，智能合约等技术可以自动执行预设规则，减少人为的干预和操控。这种自治性确保了财务交易的公正性和透明度，有助于建立更加公正和信任的商业环境。综上所述，去中心化账本经过实时共享、交易可追溯、公开性、安全性和自治性等特性，提高了企业财务信息的透明度。这对于推动商业合作、降低信息不对称成本、增强监管合规性都具有重要的价值。

（二）不可篡改性保障数据完整性

区块链上的每个区块都包含前一区块的信息，形成链式结构。这种连接方式确保了一旦数据被记录，就无法篡改。这种不可篡改性增加了数据的完整性，使财务信息更加可信。密码学的运用。区块链中的每个区块都包含一个独特的标识符（哈希值），这个标识符是经过密码学哈希函数计算得出的。一旦区块中的信息发生变化，其哈希值也会发生变化，破坏了连接区块的一致性。因为哈希函数的不可逆性，任何尝试篡改数据的行为都会立即被检测到。分布式存储的特性。在区块链网络中，数据不存储在单一的中心节点，而是分布存储在多个节点上。每个节点都保存了完整的账本，任何一点的数据篡改都会与其他节点的数据不一致，因此在整个网络中形成共识。这使得攻击者无法经过攻击单一节点来篡改数据，增强了不可篡改性。进一步地，区块链的共识机制。区块链网络中的共识机制，如工作量证明（PoW）或权益证明（PoS），确保了参与者对于区块链的一致认同。要篡改数据，攻击者需要控制网络中的大多数节点，这在实际上是不现实的。共识机制的存在为数据完整性提供了坚实的保障。去中心化的特点。去中心化的结构使得区块链不受单一控制，防止了单一点的操纵和篡改。即便有一部分节点被攻击，整个系统依然能够保持不可篡改性，保障了财务信息的完整性。智能合约的应用。智能合约是预先定义好的自动执行规则，一旦被部署在区块链上，就无法更改。这确保了合约中的财务条款和条件不受人为干预，增加了财务信息的不可篡改性。不可篡改性经过密码学、分布式存储、共识机制、去中心化和智能合约等多方面的保障，为区块链中的财务信息提供了高度的完整性和可信度。

（三）降低欺诈风险

区块链提供了更高水平的安全性，防止未经授权的访问和数据篡改。这有助于降低财务欺诈风险，确保企业的财务数据真实可信，赢得投资者和合作伙伴的信任。去中心化的账本。区块链使用分布式账本，数据存储在网络中的多个节点上。这意味着没有单一的中心点来存储和控制财务数据，防止了数据被篡改的可能性。因为攻击者要篡改数据，需要控制网络中的多数节点，这在去中心化的结构下是难以实现的，有效地降低了欺诈风险。加密算法的应用。区块链使用强大的加密算法确保数据的安全性。每个区块中的交易都经过加密处理，确保信息传输和存储的机密性。这使得即便攻击者能够访问数据，也无法解密或篡改其中的信息，增加了数据的保密性和完整性。进一步地，共识机制的作用。区块链网络中的共识机制确保了网络中所有节点对于数据变更的一致认同。如果有人试图篡改财务数据，其他节点将拒绝这一变更，防止了欺诈行为。共识机制为数据的可信度提供了基础，降低了欺诈风险。智能合约的自动执行。区块链上的智能合约是预先定义的自动执行规则，确保合约中的条款得到严格执行。这防止了欺诈行为，因为一旦合约被设定，参与方无法更改合同规定的条件，保障了财务交易的透明性和可靠性。区块链的去中心化、加密算法、共识机制和智能合约等特性共同作用，为降低财务欺诈风险提供了强大的安全保障。这些特征确保了财务数据的真实性、完整性和可信度，赢得了投资者和合作伙伴的信任。

（四）利益相关者信任的增强

透明度和数据完整性的提升使企业与利益相关者之间的信任得以增强。投资者、客户和监管机构能够更加自信地参与企业的财务生态系统，提升整个商业环境的信誉。透明度的提高。区块链的去中心化账本使得所有参与者都能够实时查看、验证和共享交易记录。这种透明度消除了信息不对称，使利益相关者能够更全面地了解企业的财务活动。投资者、客户和监管机构可以直接获取财务数据，而无需依赖企业提供的报告，建立了更加透明和开放的商业生态系统。数据完整性的保障。区块链的不可篡改性确保了一旦财务交易被记录，就无法修改或删除。这样的数据完整性增加了财务信息的可信度，使得利益相关者对企业的财务状况更有信心。投资者和监管机构可以依赖不可篡改的区块链记录进行审计和验证，确保企业报告的准确性。进一步地，减少操纵风险。由于区块链的智能合约执行规则，一旦财务合同被建立，合同中的条款将被自动执行，无法被任意更改。这减少了企业为了个别利益而操纵财务数据的风险。利益相关者能够信任合同的自动执行，增强对企业的信任。区块链技术的透明度、数据完整性和减少操纵风险等特性，有效地增强了利益相关者对企业的信任。这对于吸引投资、维护客户关系和遵守监管要求都是至关重要的，促使商业生态系统更加健康和可持续地发展。

三、大数据分析在财务决策中的角色

大数据分析为企业提供了更全面的数据视角。经过对大量财务和非财务数据的分析，企业可以制定更为精准的财务策略和决策，同时更好地理解市场和客户需求。

（一）全面性数据视角

全面性数据视角是大数据分析的一项重要优势。经过整合来自不同渠道和部门的数据，企业能够获取更全面的信息，涵盖财务、销售、市场等多个方面。多源数据整合。大数据分析能够汇总来自多个渠道和部门的数据，包括但不限于企业内部的财务系统、销售系统、市场营销平台，以及外部的市场趋势和竞争对手数据等。这种多源数据整合消除了信息孤岛，使得企业能够在全面性的数据基础上做出决策。综合性业务分析。全面性数据视角为企业提供了对整个业务生态系统的综合性分析。经过同时考虑财务、销售和市场等多个方面的数据，企业能够更好地理解各个部门之间的关联，发现业务运作的潜在影响因素，为决策提供更全面的参考。更准确的决策基础。全面性数据视角有助于建立更为准确的决策基础。企业在制定财务策略、销售计划或市场推广活动时，可以考虑到更多因素的影响，避免片面或局部的决策。这样的全面性决策基础有助于企业更好地应对市场变化和制定长远发展战略。全面性数据视角是大数据分析带来的关键优势之一。它为企业提供了更全面、全局的信息，有助于制定更为全面、准确的财务决策，提高企业的竞争力和应变能力。

（二）财务策略的精准制定

财务策略的精准制定是大数据分析的一个显著优势。经过深入挖掘大量数据，企业可以更准确地了解市场趋势、客户行为和竞争对手的策略。市场趋势的分析。大数据分析可以帮助企业捕捉到市场中潜在的趋势和变化。经过对大规模数据集的分析，企业可以识别新兴市场、产品受欢迎度、消费者行为等关键信息。这种深刻的市场趋势分析为企业制定财务策略提供了实时而准确的市场情报。客户行为的理解。大数据分析能够深入挖掘客户的行为数据，包括购买历史、偏好、反馈等。经过对这些数据的分析，企业可以更好地理解客户的需求和期望，调整财务策略，提供更符合市场需求的产品和服务。竞争对手策略的研究。大数据分析可以帮助企业了解竞争对手的市场策略和表现。经过监测竞争对手的价格调整、促销活动和市场份额等数据，企业可以做出相应的调整，制定更为精准的财务策略，以在竞争激烈的市场中取得优势。实时调整和优化。由于大数据分析提供了实时的市场反馈，企业可以更灵活地调整财务策略。及时了解市场变化，迅速做出反应，有助于企业更好地适应快速变化的商业环境。综合来看，大数据分析为企业提供了深度的市场洞察力，使其能够制定更为精准、灵活的财务策略。这种精准制定的财务策略有助于企业更好地把握市场机会、降低风险，提高整体竞争力。

（三）风险管理和预测

大数据分析可以识别潜在的财务风险，帮助企业提前采取预防措施。经过对历史数据和市场趋势的深入挖掘，企业可以更好地预测未来可能出现的财务挑战，降低不确定性。经过历史数据的深入分析，大数据可以揭示财务领域的潜在风险。企业可以利用大数据技术挖掘以往的财务交易、市场波动、经济变化等数据，识别出过去可能导致风险的因素。这有助于企业建立起对潜在风险的全面认知，为未来的风险管理提供基础。大数据分析可以帮助企业更准确地预测未来可能出现的财务挑战。经过对市场趋势、行业变化和全球经济状况等数据的分析，企业可以获取更全面的信息，预测未来可能的风险和机会。这种预测性分析有助于企业在风险发生前做好准备，采取相应的战略和措施。大数据技术可以实现对实时数据的监测，及时发现潜在风险。经过监控市场变化、竞争对手的动向、政策法规的变化等实时数据，企业可以在风险发生之前获得预警信息。这种实时监测使企业能够更灵活地调整战略，防范潜在的财务风险。大数据分析还可以改善风险管理的效率。经过引入自动化和智能化的风险管理工具，企业能够更快速、准确地识别并应对风险。这提高了企业对财务风险的敏感性和应对能力。大数据分析在风险管理和预测方面为企业提供了有力的工具和手段。经过深入分析数据，企业可以更全面、准确地了解潜在的风险，并经过预测性分析和实时监测及时采取措施，降低不确定性，保障财务稳健性。

（四）客户需求的深度理解

大数据分析不仅关注财务数据，还包括客户行为和反馈等非财务信息。这使企业能够深入理解客户需求，根据客户反馈调整财务策略，提高客户满意度，提升业务表现。大数据分析经过收集和分析客户行为数据，帮助企业深入了解客户的需求和偏好。经过跟踪客户在网站、移动应用等平台上的行为，企业可以获取大量关于客户兴趣、购买习惯、使用偏好等方面的数据。这些数据的深入分析能够揭示客户的实际需求，为企业提供更具体、精准的信息。大数据分析可以结合客户反馈数据，形成对客户需求的全面认知。经过分析客户的投诉、建议和评论等反馈信息，企业可以了解客户对产品和服务的满意度，发现存在的问题和改进的空间。这种实时的、多渠道的反馈分析有助于企业及时调整财务策略，以更好地满足客户需求。大数据分析可以经过建立客户画像，将客户分群，了解不同群体的需求差异。经过分析客户的个人特征、购买历史、消费习惯等信息，企业可以精准地定位不同群体的需求，并为其量身定制财务服务和产品。这有助于提高客户体验，增强客户忠诚度。大数据分析还可以支持企业进行预测性分析，预测客户未来的需求趋势。经过分析客户的历史行为和市场变化等数据，企业可以更好地预测客户可能的需求变化，提前调整财务策略，满足未来的需求。大数据分析在深度理解客户需求方面为企业提供了有力的工具。经过客户行为和反馈的深入分析，企业可以更全面、准确地把握客户需求，优化财务策略，提高客户满意度，推动业务的可持续发展。

四、机器人流程自动化（RPA）与财务任务的优化

RPA 技术能够自动执行财务中的例行性任务，如发票处理、账务核对等。这不仅提高了效率，还降低了错误率，使财务团队能够更专注于战略性任务。

（一）自动执行例行性任务

机器人流程自动化（RPA）的自动执行例行性任务对于提高财务工作效率有着显著的影响。RPA 技术可以应用于财务流程中的例行性任务，如发票处理、账务核对等。经过预先设定的规则和流程，机器人能够自动执行这些重复性、繁琐的任务，无需人工干预。这样的自动化处理大大减轻了财务团队的操作负担，释放了人力资源，使团队能够更专注于高价值的财务活动，如战略规划和决策支持。RPA 的自动执行能力有助于提高任务处理的速度和准确性。机器人可以在较短的时间内完成大量的例行性任务，比人工操作更为迅速。而且，由于机器人是基于预设规则执行任务，其操作的准确性也较高，减少了人为错误的风险。这为财务团队提供了更快速、更可靠的处理方式，有助于提高整体工作效率。RPA 的自动执行例行性任务有助于保持操作的一致性。机器人在执行任务时遵循的是预定的规则和流程，不受人为情绪、疲劳或分心等因素的影响，保持了操作的一致性。这对于确保财务流程的规范性和标准化具有重要意义，有助于提高整体业务质量。RPA 的自动执行也为财务团队提供了更好的灵活性。机器人可以在非工作时间执行任务，实现 24/7 的财务流程处理，加速业务的运转。这种灵活性有助于应对业务高峰期和紧急情况，提高了财务团队的应变能力。机器人流程自动化的自动执行例行性任务为财务团队带来了高效、准确、一致的工作方式，释放了人力资源，提高了整体工作效率，为企业的财务管理提供了强有力的支持。

（二）降低错误率

机器人流程自动化（RPA）在执行任务时，确实能够显著降低错误率，这对于提高财务操作的准确性和可靠性具有重要的影响。RPA 的操作是基于预先设定的规则和流程进行的，机器人不受到人为因素的影响。这包括避免了因人为疏忽、疲劳、分心等原因而引起的错误。相比人工操作，机器人在执行任务时能够保持高度的专注和一致性，降低了出错的可能性。RPA 可以执行大量的例行性任务而无需休息，保持高效的工作状态。这种连续、稳定的操作方式有助于减少因为疲劳导致的错误。机器人不会因为长时间的工作而降低工作质量，确保了财务操作的可靠性。机器人在执行任务时可以进行实时的数据验证和对比，避免了数据输入和处理过程中的错误。它们能够准确地执行预定的计算和逻辑，确保财务数据的一致性。这对于财务报告和数据分析的准确性具有重要意义。RPA 还可以经过内置的异常处理机制快速检测并纠正错误。一旦发现异常情况，机器人可以立即采取相应的措施，减少错误对整个财务流程的影响。这种实时的异常处理有助于提高错误的及时纠正能力。机器人流程自动化经过降低错误率，为财务团队提供了更为可靠和高效的操作方式。这有助于保持财务数据的准确性，降低潜在的风险，为企业提供更可信赖的财务支持。

（三）释放人力资源

经过 RPA 自动执行例行性任务，企业可以释放人力资源，使财务团队能够更专注于需要人工智能和判断力的战略性任务。这有助于提高团队的工作满意度和专业性。RPA 能够自动执行例行性、重复性的财务任务，这些任务通常是繁琐而耗时的。经过让机器人负责这些任务，企业可以有效地释放财务团队成员的时间和精力。这样的解放使得团队能够更专注于更具挑战性、需要判断力和战略性思考的工作。释放人力资源意味着财务团队可以更充分地发挥其专业技能和知识。人工智能虽然在执行规定任务上表现出色，但在处理复杂的战略性问题、与利益相关者沟通以及制定财务战略等方面，仍然需要人类的智慧和经验。经过将机器人从繁琐任务中解放出来，财务团队能够更全面、深入地参与到企业的财务管理中。释放人力资源还可以提高财务团队的工作满意度。人们更愿意投入在具有挑战性和有益性的任务中，而不是花费时间在机械性的重复工作上。经过让机器人完成那些机械性的、单调的任务，团队成员能够在更有意义的工作中找到成就感，提高对工作的满意度。这种释放人力资源的方式还有助于吸引和留住高素质的财务专业人才。当团队成员感到他们的工作得到了更好的利用，有更多机会参与战略规划和决策制定时，他们更有可能保持高度的工作投入和忠诚度。RPA 经过释放人力资源，让财务团队更专注于高级任务，提高了工作效率和工作满意度，同时为企业提供了更灵活、创新和有竞争力的财务服务。

（四）提高响应速度

RPA 的自动化过程可以在短时间内完成大量任务，提高了财务团队的响应速度。对于需要迅速处理的财务事务，RPA 的快速执行能力成为保证及时性的重要工具。RPA 的自动化过程能够在极短的时间内完成大量的财务任务。传统的人工处理可能需要花费大量时间和精力，而机器人可以以更高的速度执行任务，加快整个财务流程。

这对于需要及时响应的财务事务，如紧急报表、客户查询或突发财务事件的处理，提供了关键的支持。RPA 的执行速度使得财务团队能够更迅速地应对市场变化和业务需求的变更。在现代商业环境中，市场条件和客户需求可能会迅速发生变化，需要财务团队及时作出调整。RPA 的高效执行能力使得财务团队能够更灵活地适应这些变化，确保企业在竞争激烈的市场中保持敏捷性。RPA 经过提高响应速度，有助于减少处理财务任务的等待时间。对于需要多个环节协同完成的任务，机器人的自动化执行能够消除传统手动处理中可能存在的等待时间，加快整个流程的完成速度。这对于提高服务效率、降低交易周期具有重要意义。提高响应速度不仅仅是任务执行的速度，还包括对客户、利益相关者的响应速度。在面对客户查询、投资者关切或监管机构的要求时，财务团队能够迅速获取并提供所需的财务信息，建立起更加迅捷的沟通机制。RPA 经过提高响应速度，为财务团队提供了更强大的工具，使其更具竞争力和适应性，同时满足了现代企业对及时决策和高效执行的需求。

五、虚拟助手和智能语音技术在财务沟通中的应用

虚拟助手和智能语音技术在财务沟通中发挥重要作用。它们能够回答常见问题、处理标准查询，提高了用户体验，同时减轻了财务团队的工作负担。

(一) 自动回答常见问题

自动回答常见问题是虚拟助手和智能语音技术在财务领域中的一项重要功能。经过虚拟助手和智能语音技术，用户可以随时随地获取财务信息。无论是关于账户余额、交易记录还是财务政策等问题，用户只需简单提问或发出语音指令，即可得到即时的、准确的回答。这提高了用户的便利性和满意度，使其无需等待繁忙的客服人员，迅速解决问题。自动回答常见问题经过降低对人工客服的依赖，减少了企业的运营成本。虚拟助手可以处理大量的标准化问题，释放人工资源，使其集中于更复杂、需要判断和分析的工作。这不仅提高了效率，还降低了企业的运营成本，符合财务管理的成本效益原则。经过程序化的回答机制，虚拟助手和智能语音技术能够保证信息的一致性和准确性。人工回答可能受到个体差异、疏忽等因素的影响，而程序化的回答保证了对相同问题的统一解释，减少了信息错误的可能性，提高了财务信息的可靠性。经过自动回答常见问题，虚拟助手可以不断学习和优化回答的方式。机器学习算法使得虚

拟助手能够根据用户的反馈和实际应用情境进行自我调整，逐渐提高其理解问题和回答问题的水平，进一步提升用户体验。自动回答常见问题经过虚拟助手和智能语音技术的应用，不仅提高了用户的便捷体验，减轻了企业的运营负担，还保证了信息的一致性和准确性，为财务服务领域引入了更为智能和高效的解决方案。

（二）处理标准查询

这些技术可以有效处理标准的财务查询，如账户余额、交易历史等。经过在财务沟通中执行这些标准化的任务，虚拟助手和智能语音技术减轻了财务团队处理常规事务的负担，使其能够更专注于复杂的工作。这些技术经过执行标准财务查询，如账户余额和交易历史，提高了用户的自主性和便捷性。用户可以经过简单的语音指令或文字输入获取实时、准确的财务信息，无需访问网站或等待人工处理。这种即时性和便捷性增强了用户体验，提高了客户满意度。处理标准查询的自动化降低了财务团队处理日常常规任务的负担。虚拟助手和智能语音技术能够自动执行标准化的财务查询，如账户余额查询、最近交易记录等。这释放了财务专业人员的时间，使其能够更专注于需要高度专业知识和判断力的工作，提高了团队的工作效率和专业性。处理标准查询的自动化有助于降低运营成本。经过减轻财务团队的日常负担，企业可以节省人力资源，并将这些资源投入到更复杂和战略性的工作中。这符合财务管理中提倡的成本效益原则，使企业更加经济高效。经过虚拟助手和智能语音技术的应用，处理标准查询的方式也在不断优化。机器学习算法使得这些技术能够根据用户的反馈和实际执行情况进行自我学习，逐渐提高其在处理标准查询方面的准确性和适应性。处理标准查询的自动化经过虚拟助手和智能语音技术的运用，不仅提高了用户体验，减轻了财务团队的负担，还降低了运营成本，为财务服务领域引入了更为智能和高效的解决方案。

（三）提高用户体验

虚拟助手和智能语音技术的应用提高了用户与财务系统的互动体验。用户可以经过自然语言与系统进行交流，而无需繁琐的界面操作。这种交互方式更直观、便捷，提升了用户体验的舒适度和效率。虚拟助手和智能语音技术的应用使用户能够经过自然语言与财务系统进行交流。用户可以经过口头提问或语音指令获取财务信息，而无需进行繁琐的键盘输入或界面操作。这种直观的交互方式降低了用户学习成本，使财务服务更加易于使用，提高了用户体验的便捷性和舒适度。经过提供实时、准确的财务信息，虚拟助手和智能语音技术增强了用户的自主性。用户可以随时随地经过语音查询账户余额、交易记录等，不再受制于传统的查询方式。这种即时性使用户能够更好地掌握财务状况，提高了用户体验的信息及时性。虚拟助手和智能语音技术提供了个性化的服务体验。经过学习用户的偏好和习惯，系统可以根据个体需求提供定制化的财务建议和信息。这种个性化服务使用户感受到更加贴近个人需求的用户体验，提高了服务的用户满意度。虚拟助手和智能语音技术在用户体验方面的持续改进也是一个动态的过程。随着技术的不断发展，这些系统可以经过机器学习和人工智能的进一步融合，逐渐提高其理解用户意图的准确性和适应性，为用户提供更为智能、个性化的服务体验。虚拟助手和智能语音技术的应用在提高用户体验方面发挥了重要作用，使财务服务更具智能化、便捷化和个性化，为用户创造了更为优质的互动体验。

（四）财务团队工作负担减轻

自动处理常见问题和标准查询减轻了财务团队的工作负担，使其能够更专注于处理需要更多判断和分析的任务。这有助于提高财务团队的效率，确保其资源得以更合理分配。自动回答常见问题和处理标准查询的能力使得财务团队不再需要耗费大量时间和精力处理日常的例行性任务。虚拟助手和智能语音技术能够迅速而准确地响应用户的常规查询，解放了财务团队的人力资源，使其能够更专注于更复杂、需要判断和分析的财务任务。这些技术的应用降低了财务操作的错误率。由于虚拟助手和智能语音系统执行任务的过程中不受人为因素的干扰，可以避免由于人为错误而引起的问题。这有助于确保财务数据的准确性和可靠性，减轻了财务团队处理错误所带来的工作压力。释放出来的人力资源使得财务团队能够更灵活地应对复杂的财务挑战。团队成员可以更深入地参与战略性决策、财务规划和分析等需要高度专业知识和判断力的任务，提高了团队的工作效率和专业水平。自动化处理常见问题提高了团队的响应速度。虚拟助手和智能语音技术的自动执行能力使得团队可以更快速地处理用户的查询和需求，保证了及时性。这对于需要迅速响应的财务事务和客户服务具有重要意义。虚拟助手和智能语音技术的应用为财务团队带来了诸多好处，减轻了工作负担，提高了效率和专业水平。这为财务团队创造了更为有利的工作环境，使其能够更好地应对复杂多变的财务管理需求。

第三节　新经济下的财务信息化规划

一、战略与愿景明确

在新经济时代，财务信息化的规划至关重要，而确立明确的战略和愿景是这一过程的第一步。这涉及企业对财务信息化的战略目标的明确规划，旨在实现一系列关键目标，在数字化转型中获得最大化的效益。企业需要明确财务信息化的战略目标。这可能包括提高财务业务流程的效率，降低操作成本，增加财务报告的准确性，加强对财务数据的监控和分析，以及提升整体数据驱动决策的能力。确立这些目标是为了使财务信息化成为实现企业战略的有力工具。企业需要在明确的战略基础上建立愿景。愿景是对未来的期望和期许，是企业在财务信息化方面所追求的理想状态。这可能包括建立一个高度智能化和自动化的财务体系，实现实时财务监控和预测，以及提供更高水平的财务服务和支持。愿景的设定有助于激发团队的共鸣和努力，推动财务信息化规划朝着积极的方向发展。在实现这些目标和愿景的过程中，企业需要考虑整体的战略规划。这包括对信息技术的整体布局，对人员和资源的充分配置，以及对组织文化和流程的适应性调整。财务信息化需要与企业的整体战略相一致，以确保实现数字化转型的协同效果。在新经济时代，技术的迅猛发展和市场的不断变化使得企业需要更加灵活和敏捷。财务信息化的战略规划也应考虑到未来的发展趋势，以确保信息化系统的可持续性和适应性。这可能包括引入新兴技术，如人工智能、区块链等，以不断提升财务信息化的水平。明确的战略和愿景是企业财务信息化规划的基石。它们为企业提供了清晰的方向和目标，帮助企业更好地应对新经济时代的挑战和机遇。经过明确战略和愿景，企业能够更加有序地推进财务信息化，实现数字化转型的成功。

二、数据整合与流程优化

在新经济时代，数据整合与流程优化成为企业财务信息化的重要组成部分。经过整合各个部门和业务单元的数据，企业能够实现财务数据的一体化，提高数据的可用性、准确性和实时性。这一过程涉及建立统一的数据仓库和采用先进的数据整合技术，以确保数据在整个企业内得以共享和协同。建立统一的数据仓库是数据整合的核心。这意味着将来自不同部门和业务单元的数据存储在一个中央位置，以便在需要时能够轻松访问。数据仓库的建立需要考虑数据的结构、格式和安全性，以确保数据能够被正确存储和管理。这为企业提供了一个全面、一致的数据视图，有助于财务决策的基于事实的分析。采用先进的数据整合技术是实现数据流畅共享的关键。这可能包括ETL（抽取、转换、加载）工具、数据集成平台等。这些技术能够将不同数据源的信息整合到一个统一的格式中，消除数据孤岛，使得财务团队能够更轻松地获取全面的财务数据。这也为未来的数据分析和报告奠定了坚实的基础。在数据整合的同时，流程优化也是至关重要的。这包括审视和重新设计财务业务流程，以确保信息在各个环节的高效传递和处理。流程优化不仅能够提高财务团队的工作效率，还能减少可能出现的错误和延误。经过引入自动化工具和标准化流程，企业能够实现业务操作的迅速执行和财务数据的快速处理。数据整合与流程优化是企业财务信息化的关键步骤。它们为企业提供了一个统一的数据基础，使得财务团队能够更好地应对复杂的业务环境和市场变化。经过整合数据和优化流程，企业能够在数字化时代更加灵活、高效地管理财务信息，为未来的发展奠定坚实基础。

三、采用新技术的整体架构

在新经济时代，财务信息化的整体架构应当以采用新技术为核心。这意味着企业需要将人工智能、区块链、云计算等新兴技术有机结合，构建一个灵活而先进的信息技术基础设施，以适应未来技术的快速发展和变化。人工智能（AI）的应用将是财务信息化架构的重要组成部分。经过整合人工智能技术，企业可以实现财务数据的智能化分析、预测性分析和自动化处理。例如，机器学习算法可以用于识别潜在的财务趋势，智能助手可以提供实时的财务建议。人工智能的引入将为财务决策提供更多科学支持，提高决策的准确性和效率。区块链技术也是财务信息化架构中的关键元素。区块链的去中心化、不可篡改和透明的特性使其成为财务数据安全性和可信度的增强工具。经过将财务交易记录上链，企业能够建立起高度安全的财务生态系统，降低欺诈风险，提升信息的可靠性。云计算技术的采用也是财务信息化架构中的不可或缺的一环。云计算可以提供高度灵活的存储和计算资源，使得企业能够更便捷地存储、处理和访问财务数据。这有助于提高数据的可访问性和安全性，同时降低了企业的硬件和维护成本。整体而言，采用新技术的整体架构是财务信息化成功实施的关键。这需要企业具备对新技术的深刻理解，并在信息技术基础设施中加以整合和应用。经过整合人工智能、区块链、云计算等技术，企业能够建立起一个先进、高效、安全的财务信息化体系，为未来的数字化转型奠定坚实基础。

四、用户培训与变革管理

在财务信息化的过程中，用户培训和变革管理是确保成功实施的关键要素。企业应该致力于确保员工能够顺利掌握新的数字工具和系统，同时积极适应信息化带来的变革。用户培训是确保员工能够充分利用新系统的重要环节。经过有针对性的培训计划，员工可以更快地熟悉财务信息化工具的使用方法和功能。培训内容应该包括系统操作、数据输入和查询、报表生成等方面，以确保员工在日常工作中能够熟练运用新系统进行财务管理。变革管理是引导员工适应信息化变革的关键。企业需要制定有效的变革管理策略，包括明确的沟通计划、参与员工的意见反馈机制以及及时解决问题的措施。经过与员工进行充分的沟通和参与，企业可以降低员工的抵触情绪，促进变革的平稳推进。变革管理还包括对组织文化的调整和适应。新的财务信息化系统可能会对工作流程、沟通方式和决策体系产生影响，因此企业需要引导员工接受并适应这些变化。在这一过程中，领导层的积极参与和示范作用尤为重要，以确保整个组织对信息化变革保持积极的态度。用户培训和变革管理是企业成功实施财务信息化的基石。经过培训员工熟练使用新系统，并经过变革管理引导组织适应变革，企业可以最大程度地提高信息化的应用效果，确保财务信息化的顺利推进和取得可持续的业务成果。

五、持续监测与优化

持续监测与优化是确保财务信息化规划顺利实施并不断适应变化环境的关键环节。在新经济时代，市场和技术的动态变化迅速，因此企业需要建立有效的监测机制，定期评估财务信息化的效果和适应性。企业应该建立一套完善的监测指标体系，包括但不限于财务业绩、信息系统运行效率、员工满意度等方面的指标。这些指标能够客观地反映财务信息化的实际效果，帮助企业及时发现问题和潜在的改进点。持续监测需要经过定期的评估和反馈机制来实现。定期进行绩效评估，收集用户的反馈意见，了解系统的运行情况和用户体验。这有助于及时发现潜在问题，为优化和调整提供有力支持。在监测的基础上，企业需要制定灵活的优化和调整策略。这可能涉及到更新系统、增加新功能、改进流程等方面。经过及时的优化，企业能够更好地适应市场和技术的变化，保持财务信息化的竞争力和前瞻性。持续监测与优化还需要紧密结合企业整体战略和愿景。随着市场的发展和企业的战略调整，财务信息化规划可能需要相应地进行调整和优化，以确保与企业的整体发展方向保持一致。持续监测与优化是财务信息化规划成功实施的保障。经过建立有效的监测机制，及时发现问题并进行优化调整，企业能够不断提升财务信息化的水平，确保其在新经济时代中始终保持竞争力和创新性。

第七章　新经济环境背景下企业财务会计管理的信息化发展

第一节　信息技术对财务管理的影响

一、数字化财务数据管理的影响

数字化财务数据管理的影响深远而积极，为企业财务管理带来了高效性和准确性的提升，具体体现在以下几个方面：数字化财务数据管理加速了账务处理的速度。传统的手工账务处理可能需要大量时间和人力，容易出现错误。而数字化财务系统经过自动化处理繁琐的财务任务，极大地提高了账务处理的效率。例如，电子化的发票处理系统可以自动识别、分类和记录发票信息，避免了手动输入的错误和延误，使得账务处理更加快速和可靠。报表生成变得更为迅速和灵活。数字化财务系统能够实时汇总和分析财务数据，使得企业管理层可以随时获取最新的财务报告。这为决策者提供了及时的数据支持，使其能够更快速、准确地做出战略性和运营性的决策。数字化系统还支持灵活的报表定制，满足不同层级和部门的信息需求，提高了报表的适应性和实用性。数字化财务数据管理提升了财务分析的水平。经过先进的数据分析工具，企业可以更深入地理解财务数据背后的趋势和模式。这有助于提前发现潜在的财务风险和机会，为企业管理层提供更有针对性的决策支持。预测性分析的引入使得企业能够更准确地预测未来的财务状况，制定更有效的战略和计划。第四，数字化财务数据管理促进了信息的共享和协同。经过云计算技术，财务数据可以存储于云端，实现多地点的共享访问。这有助于不同部门和团队之间更加高效地协同工作，共同处理财务业务。信息的实时共享也缩短了决策的时间周期，使得企业更具敏捷性和应变能力。数字化财务数据管理的影响在于提高了财务业务的效率、准确性和透明度。企业经过引入信息技术，能够更好地应对复杂的财务环境，为未来的发展打下坚实的数字化基础。

二、实时性决策支持的影响

信息技术提供了实时数据的获取和分析能力，对决策层提供了更即时的财务信息。这使得企业管理层能够做出更快速、明智的财务决策，以适应市场变化和业务需求。实时性决策支持缩短了决策周期。传统的决策过程可能需要等待定期的报表生成和审核，而实时性决策支持经过及时收集和分析财务数据，使得管理层能够更快速地获取关键信息。这有助于加速决策的制定和执行，使企业能够更及时地应对市场变化和业务挑战。实时性决策支持提高了决策的准确性。经过实时监控财务数据，管理层能够获取最新的市场趋势、客户反馈等信息，更全面地了解业务状况。这有助于做出基于实际情况的决策，避免基于过时信息的错误判断，提高了决策的准确性和智能性。实时性决策支持强化了对业务变化的敏感性。在竞争激烈的商业环境中，市场瞬息万变，业务状况可能随时发生变化。经过实时监测财务数据，管理层能够更敏锐地察觉到潜在的机会和风险。这使得企业能够更灵活地调整战略和运营计划，及时把握商机，降低业务风险。第四，实时性决策支持促进了团队协同。实时共享财务信息和决策数据使得团队成员能够在同一信息平台上协同工作。这有助于确保各个部门和团队对同一份准确的数据达成一致认知，减少信息不对称的可能性，促进团队更加有序和高效地实施决策。实时性决策支持经过提供更及时、准确、敏感的财务信息，使得企业管理层能够更好地应对日益复杂和变化的商业环境。这种实时性的决策支持不仅提高了决策的质量，也增强了企业的竞争力和适应性。

三、财务流程自动化的影响

信息技术的自动化工具，如 ERP 系统和财务软件，实现了财务流程的自动化。这降低了手工劳动的需求，减少了错误率，并加速了财务业务的处理速度。自动化降低了手工劳动的需求。传统的财务处理往往涉及大量的手工录入、核对和整理工作，容易受到人为因素的干扰，存在较高的错误率。而财务流程自动化经过引入 ERP 系统和财务软件，将繁琐的任务交由计算机系统完成，减少了对人工的依赖，提高了整个财务流程的效率。自动化加速了财务业务的处理速度。自动化工具能够以更快的速度执行标准化的财务流程，如发票处理、报表生成等。这有助于缩短业务处理的周期，使得企业能够更及时地完成财务任务，满足日益迫切的业务需求，提高了业务的敏捷性。自动化提高了准确性。由于自动化系统能够避免手工录入的误差，财务数据的准确性得以提升。经过自动化的核对和验证机制，系统能够及时发现潜在的错误，并进行纠正。这有助于保持财务数据的准确和一致，降低了因人为错误而引起的潜在问题。第四，自动化促使了财务流程的标准化。在自动化系统中，财务流程往往需要事先设定规范和标准，以适应系统的自动执行。这使得企业能够更加规范地进行财务操作，提高了流程的一致性和可控性。标准化的流程也有助于降低变更和调整流程的复杂性，增强了企业的适应性。财务流程自动化经过降低手工劳动、加速业务处理、提高准确性和促使流程标准化，为企业财务管理带来了显著的影响。这种自动化的趋势不仅提高了财务团队的效率，也为企业在数字时代的竞争中提供了更强大的支持。

四、数据安全与隐私保护的影响

随着信息技术的进步，企业财务部门面临着更多的数据安全和隐私保护挑战。企业需要采用先进的安全技术和策略，确保财务数据的机密性和完整性。隐私保护方面。企业财务数据中包含大量敏感信息，包括员工工资、客户账户信息等。信息技术的发展提高了数据存储和传输的效率，但同时也增加了数据被非法获取或滥用的风险。企业需要采用加密、身份验证和访问控制等技术手段，确保财务数据的隐私得到充分的保护。数据安全方面。随着财务数据存储在数字化平台上，面临着来自网络黑客和恶意软件的威胁。信息技术可以经过防火墙、反病毒软件和入侵检测系统等手段来提高数据安全性。定期的安全审计和漏洞扫描也是确保数据安全的重要环节。合规性方面。不同国家和地区有各自的数据保护法规和合规标准，如欧洲的 GDPR（通用数据保护条例）。企业需要结合信息技术，确保财务数据的处理符合相关法规，防范因违规处理数据而导致的法律责任和罚款。员工教育和培训也是确保数据安全和隐私保护的重要环节。信息技术的使用不仅仅是技术人员的责任，所有员工都需要了解并遵守企业的数据安全政策和隐私保护规定。信息技术的进步为企业提供了更高效的财务数据管理手段，企业也需要加强对数据安全和隐私保护的关注，采取综合性的技术和管理手段，确保财务数据得到安全可靠地处理和存储。

五、跨部门协同与沟通的影响

信息技术促进了财务部门与其他部门之间的协同工作。经过共享数字化的财务数据，不同部门能够更紧密地合作，促进信息的流通与共享，提高企业内部沟通的效率。数字化财务数据的共享。信息技术经过实现数字化的财务数据管理，使得不同部门可以轻松共享财务信息。这消除了传统纸质文档和手动数据传递的障碍，促进了实时的跨部门数据共享。协同工作平台的建立。企业可以利用协同工作平台，如企业资源规划（ERP）系统，将财务信息与其他部门的信息集成在一起。这样的平台提供了一个集中的数据来源，方便各个部门更加协同地进行工作。实时沟通与反馈。信息技术经过电子邮件、即时通讯和在线会议等工具，提供了实时的跨部门沟通渠道。这使得不同部门的工作人员能够及时沟通、协商，并迅速做出响应，促进了工作的高效进行。协同工作软件还能够支持团队项目的管理和跟踪，使得各个部门能够更好地协同完成共同的任务和项目。信息技术在跨部门协同与沟通方面提供了全新的工具和平台，促进了企业内部不同部门之间的协同工作。这有助于加强业务流程的整合，提高企业内部工作效率，更好地适应市场的变化和实现整体业务目标。

第二节　财务管理信息系统的建设

一、需求分析与规划

在系统建设的最初阶段，明确定义组织的财务需求是至关重要的。这一阶段涉及与各个利益相关者的密切合作，以确保系统能够满足业务目标。包括财务报告、预算管理、风险分析等方面的需求都应该在这个阶段得到详细的确定。

（一）利益相关者参与

财务团队是信息化过程中的主要执行者，因此他们的理解和支持至关重要。经过与财务团队的深入沟通，了解他们的需求、挑战和期望，可以更好地设计信息化系统，以满足他们的工作流程和业务需求。与管理层的协同合作。管理层对组织整体战略有深刻的了解，因此与他们的紧密合作有助于确保财务信息化的目标与组织战略一致。他们的支持和领导力对于推动信息化项目的成功至关重要，因此建立良好的沟通渠道和共享信息的机制非常重要。与业务部门的协调。财务信息化不仅仅涉及财务团队，还需要与其他业务部门协同工作。了解业务部门的需求和流程，确保信息化系统与整个企业的业务一体化，实现信息的无缝流通和协同合作。还需要与 IT 团队、供应商和其他关键利益相关者进行紧密合作。IT 团队负责系统的技术实施和维护，供应商提供关键的技术支持，而其他关键利益相关者可能包括法务、合规和审计等部门。经过与这些方面的紧密合作，可以在信息化规划中充分考虑到各方的意见和需求，提高项目的成功概率。建立定期的利益相关者会议和工作坊，以确保信息的双向流通，及时解决问题，调整计划。这种全方位的利益相关者参与和合作将确保财务信息化规划的全面性和有效性，使得信息化系统真正为组织的整体目标和长远发展做出积极贡献。

（二）业务目标明确

在财务领域，这一点更为重要，因为它直接影响到组织的稳健性和可持续性。本节将深入讨论如何明确组织的财务业务目标，并探讨如何经过这些目标为系统设计提供明确的指导方向，以更有效地支持组织的战略目标。一个组织的财务目标可能包括提高财务报告的准确性。准确的财务报告是组织监管、投资者和其他利益相关方所关注的焦点。为了实现这一目标，系统设计应考虑到数据收集、处理和报告的流程。采用先进的技术和控制机制，确保财务数据的完整性和可靠性，是实现准确报告的关键。加强预算管理的灵活性也是一个重要目标。在不断变化的市场环境中，组织需要能够迅速调整预算以适应新的挑战和机遇。系统设计应该注重灵活性和实时性，以支持预算的动态调整。集成智能算法和数据分析工具，帮助组织更好地理解和预测财务趋势，更灵活地调整预算。降低风险分析的误差是另一个关键的财务目标。风险管理在现代商业中至关重要，因此系统设计应该致力于提高风险分析的准确性。采用先进的模型和算法，结合大数据分析，可以更全面地识别和评估潜在的财务风险。系统应具备实时监测和报警功能，及时发现并应对潜在的风险事件。经过确保这些财务目标的清晰定义，系统设计可以更有针对性地满足组织的需求。关键是确保系统不仅仅是财务数据的记录和处理工具，更是支持组织在复杂商业环境中取得成功的战略工具。在系统设计的过程中，与各部门密切合作，理解他们的具体需求，确保系统能够无缝集成到整个组织的运作中。业务目标的明确对于财务系统设计至关重要。经过强调准确报告、灵活预算管理和降低风险分析误差等目标，系统设计可以更好地支持组织在竞争激烈的市场中取得成功。在不断变化的商业环境中，财务系统的灵活性和前瞻性将成为组织取得持久竞争优势的关键因素。

（三）详细需求定义

在财务领域，这一步尤为重要，因为涉及到对财务报告、预算管理和风险分析等方面的具体需求进行清晰而详细的分析。对于财务报告，首先需要确定报表的格式。这包括报表的结构、内容和呈现方式。是否需要汇总报表或详细报表，以及报表中所包含的指标和数据都需要明确定义。生成频率也是一个关键因素，是每日、每周还是每月生成报表，以满足不同层级和部门的需求。在预算管理方面，需考虑各个部门的预算权限和版本控制。明确定义哪些部门有权制定、修改或审批预算，以及如何确保不同版本的预算能够有效管理和跟踪。预算的调整和审批流程也需要详细定义，以确保预算的准确性和及时性。对于风险分析，具体的数据输入和输出要求至关重要。定义清楚需要哪些数据作为风险分析的输入，以及系统应该生成怎样的输出，以帮助组织更好地理解和管理潜在的风险。系统应该具备灵活的风险模型，能够适应不同行业和组织的需求。确保每个需求都被详细而清晰地定义是关键的。这包括具体的数据格式、字段要求、操作流程、安全性需求等方面的考虑。与各部门和利益相关方密切合作，收集他们的反馈和建议，以确保系统设计不仅仅满足财务专业人员的需求，还能够为整个组织提供最大化的价值。详细需求定义将为后续的系统设计和开发提供明确的指导。这有助于避免在后期出现需求不明确或理解偏差的问题，提高系统交付的质量和效率。经过明确定义每个方面的需求，可以确保财务系统能够精准地满足组织的业务需求，为其在竞争激烈的市场中取得成功提供有力支持。

（四）项目计划与资源规划

在建立详细的项目计划时，需要考虑时间表、预算和资源分配等方面，以确保项目按计划顺利进行。制定明确的时间表是项目计划的核心。明确项目的起止时间、里程碑和关键任务，确保每个阶段都有明确的时间目标。在时间表中考虑到各个阶段的依赖关系，以避免后续任务的延误影响整体进度。制定合理的里程碑，以便在项目进行过程中能够及时评估进展并做出调整。预算的制定也是项目计划的关键组成部分。明确项目的总预算和各个阶段的预算分配，确保资源得到充分利用。考虑到可能的额外费用和变更，预留适当的预算余地，以应对不可预见的情况。与财务团队密切合作，确保项目的预算与组织整体财务策略相一致。资源分配是项目成功的保障之一。明确项目所需的各类资源，包括人力、技术、设备等，确保每个阶段都有足够的资源支持。与各部门协调，确保项目团队的成员具备必要的技能和经验，以提高项目的执行效率和质量。风险管理也是项目计划的不可忽视的部分。对可能出现的问题进行预测，并规划相应的解决方案，以降低潜在风险对项目的影响。建立有效的沟通机制，确保团队成员能够及时报告问题并协同解决。与利益相关方共同参与风险评估，以综合考虑各方的意见和建议。在项目计划中，要注重灵活性，允许在必要时进行调整。项目环境可能会发生变化，因此要能够适应变化并及时调整计划。定期进行项目评估和审查，以确保项目仍然在正确的轨道上。经过细致的项目计划与资源规划，以及有效的风险管理，可以提高项目的成功完成的概率。在项目执行过程中，密切关注时间、预算和资源的使用情况，及时调整计划以确保项目的最终成功。

二、系统设计与架构

（一）系统架构设计

系统架构设计是财务系统成功实现业务目标的基础。在确定系统的整体架构时，需要综合考虑多个方面，包括技术框架、模块与组件、层次结构，以及性能、安全性和可维护性等因素。选择合适的技术框架是至关重要的。技术框架直接影响系统的灵活性、扩展性和性能。根据组织的需求和特点，选择适当的编程语言、数据库系统和开发工具。考虑采用现代化的技术，如云计算、大数据处理和人工智能，以提高系统的效率和功能。定义系统的模块和组件是系统架构设计的核心。将整个系统拆分为独立的模块和组件，每个模块负责特定的功能，有助于降低系统复杂性，提高开发和维护的效率。确保模块之间的接口清晰，并采用标准化的通信协议，以便模块间的协作和集成。规划系统的层次结构是另一个关键方面。将系统划分为不同的层次，如用户界面层、业务逻辑层和数据存储层，有助于实现分层架构，提高系统的可维护性和可扩展性。每个层次的功能和责任都应该清晰定义，以确保各层次之间的协同工作。在考虑性能方面，需要评估系统的吞吐量、响应时间和资源利用率等指标。采用合适的缓存策略、负载均衡和分布式架构，以确保系统在面对大规模数据和用户访问时仍能保持高性能。安全性是财务系统设计中不可忽视的方面。采用严格的身份验证和授权机制，加密敏感数据，实施安全审计和监控，以保护系统免受潜在的威胁和攻击。考虑合规性和隐私保护，确保系统符合相关法规和标准。可维护性是确保系统长期有效运行的关键。采用清晰的文档和注释，建立良好的代码结构，实施自动化测试和持续集成，以便在系统更新和维护时能够快速、安全地进行。系统架构设计应与组织的整体架构相一致。与其他部门和系统进行集成，确保财务系统与整个企业信息体系无缝衔接，实现信息的流畅共享。经过细致的系统架构设计，可以确保财务系统在满足业务需求的同时，具备足够的灵活性、性能和安全性，为组织提供可靠的财务支持。

（二）数据库设计

数据库设计是财务系统的核心，直接影响着数据的有效性、一致性和性能。在这一节段，我们将重点讨论如何设计系统的数据库结构，确保它能够支持财务数据的有效存储和检索。确定数据模型是数据库设计的起点。财务系统的数据模型应该清晰地反映业务实体和它们之间的关系。使用实体-关系模型（ER 模型）等工具，帮助识别并建模与财务相关的实体，如账户、交易、预算等。确保数据模型具有足够的灵活性，以适应未来业务的变化。建立数据库表格时，要确保每个表格都有明确定义的主键，以唯一标识每一条记录。表格之间的关系应该用外键来明确表示，以维护数据的一致性。考虑采用规范化的数据库设计，以降低数据冗余，提高数据存储效率。定义关系是数据库设计中的重要一环。确保表格之间的关系是正确的，例如，一个账户可能与多笔交易相关联，这种关系需要在数据库中准确地反映出来。使用外键和联结等技术，以支持复杂的查询和数据关联操作。索引的设计对于数据库的性能和响应速度至关重要。根据实际查询需求，为经常被搜索和过滤的字段建立索引，以加速数据检索操作。然而，要注意索引的数量和大小，过多或过大的索引可能会降低写操作的性能。保持数据的一致性和完整性是数据库设计的基本原则。经过实施触发器、约束和规范化等手段，确保数据始终符合预期的业务规则。对于财务数据来说，数据的准确性是至关重要的，因此要特别关注数据的输入和验证。数据库设计的优化是确保系统性能的重要步骤。经过合理的索引设计、查询优化和缓存策略，提高数据库的响应速度。考虑使用数据库分区和分片等技术，以支持大规模数据的存储和查询需求。与系统架构设计密切协同，确保数据库设计与整体系统架构相一致。数据库应与其他系统模块无缝集成，确保数据的流畅共享和一致性。经过细致而合理的数据库设计，可以确保财务系统在数据存储和检索方面具备高效性和可靠性，为组织提供稳健的财务支持。

（三）用户界面设计

用户界面设计是确保用户能够愉快、高效地使用系统的关键因素。在设计财务系统的用户界面时，需要关注布局、交互方式、图形元素等方面，以提高用户的工作效率和准确性。设计用户界面的布局时，要考虑到用户的工作流程和习惯。布局应该直观清晰，使用户能够迅速找到他们需要的功能和信息。考虑采用简洁而直观的菜单和导航结构，以降低用户的学习成本。交互方式是用户界面设计的关键。确保用户能够轻松地进行输入、查询和操作。采用一致性的交互模式，使用户在不同功能和模块间能够无缝切换。提供明确的反馈，例如成功或失败的提示，以帮助用户理解他们的操作结果。图形元素的设计也是用户界面的重要组成部分。选择合适的图标、颜色和字体，以增强用户对界面的识别性和舒适感。避免使用过于繁杂的图形，以防止用户在界面上感到混乱。考虑用户的需求和反馈是设计用户界面的关键。进行用户调研和用户体验测试，了解用户的工作场景和使用习惯，以便调整界面设计。充分考虑用户的反馈，不断改进和优化用户界面，以提高用户满意度。在财务系统中，数据的呈现和操作是用户界面设计的重中之重。确保财务数据以清晰、直观的方式呈现，支持用户快速而准确地进行查询和分析。提供适当的过滤和排序功能，以帮助用户找到他们需要的信息。响应式设计是现代用户界面设计的趋势之一。确保用户界面能够在不同设备上自适应，包括桌面、平板和手机。这样，用户可以随时随地访问系统，提高工作的灵活性和便捷性。用户界面设计应与系统的整体风格和品牌一致。与系统架构和数据库设计密切协同，确保用户界面能够顺畅地与后端系统进行交互，实现数据的流畅共享和一致性。经过关注用户界面设计，确保系统对用户友好，可以大大提高用户的工作效率和满意度。一个直观、简洁且符合用户期望的用户界面将为财务系统的成功使用提供有力支持。

（四）灵活性和可扩展性考虑

确保系统能够适应未来的变化，包括业务流程的调整、新的财务需求和技术进步。

使用模块化的设计原则，使系统的不同部分能够独立地进行更新和扩展，而不影响整体的稳定性。这种灵活性是确保财务系统持续有效的关键。采用模块化的设计原则是实现系统灵活性和可扩展性的有效途径。将系统划分为独立的模块和组件，每个模块负责特定的功能。这样的设计使得系统的不同部分能够独立进行更新和扩展，而不会对整体的稳定性产生负面影响。当需要新增功能或进行改进时，只需对特定模块进行修改，而不必对整个系统进行重构。采用标准化的接口和数据格式有助于实现系统的灵活性。确保模块之间采用明确定义的接口，使它们能够有效地进行通信和协同工作。使用标准化的数据格式，使不同模块之间能够无缝地交换信息。这有助于系统与其他系统的集成，同时也方便了未来对系统功能的扩展和更新。考虑到业务流程的调整是实现系统灵活性的关键。业务环境不断变化，系统应该能够迅速适应新的业务需求和流程调整。设计系统时要灵活考虑不同的业务场景，确保系统的配置能够满足不同的业务要求。提供可配置的参数和选项，使用户能够根据实际需要进行调整。采用先进的技术和架构也是确保系统可扩展性的关键。考虑使用云计算、微服务架构等现代技术，以支持系统的弹性伸缩和快速部署。这样可以更容易地应对系统负载的变化，提高系统的可用性和性能。定期进行系统性能和安全性的评估也是确保系统持续有效的重要步骤。及时发现和解决潜在的性能瓶颈和安全风险，保障系统在不同条件下的稳定运行。与业务部门和利益相关方密切合作，收集他们的反馈和需求。确保系统设计不仅仅满足当前的业务需求，还能够灵活地适应未来的变化，为组织提供可持续的财务支持。经过考虑灵活性和可扩展性，系统设计能够更好地适应不断变化的商业环境和财务需求，确保财务系统能够持续有效地支持组织的发展和成功。

三、开发与编码

在这个阶段，财务信息系统的实际代码和功能被开发出来。这可能包括软件编程、数据库配置等方面的工作。关注代码质量、系统稳定性以及对业务需求的准确实现。

（一）软件编程

在软件编程的过程中，开发人员需要遵循一系列的步骤，确保代码的高质量和可维护性。这个过程始于系统设计文档的阅读，开发人员需要深入理解系统的需求和架构，然后开始编写代码。选择合适的编程语言和工具对于项目的成功至关重要。根据项目的需求和特点，开发人员可能会选择使用 C++、Java、Python 等不同的编程语言，并利用各种开发工具和集成开发环境（IDE）提高效率。在编写代码时，代码的规范性是非常重要的。遵循统一的编码规范，使得代码风格一致，易读性增强，提高团队协作效率。注释的添加也是良好实践的一部分，能够解释代码的逻辑和目的，方便他人理解。可读性是代码质量的一个重要指标。使用有意义的变量名、函数名，采用良好的缩进和代码结构，有助于他人更容易理解代码的逻辑。模块化编程是一种有效的方法，将代码分割成小的、独立的模块，使得每个模块都有特定的功能，更容易进行单元测试和维护。可维护性是保障软件长期健康发展的重要因素。经过避免使用过多的全局变量、使用设计模式、以及持续进行代码重构，开发人员能够确保代码的可维护性，降低日后修改和添加新功能的难度。在编写代码的过程中，还需要考虑代码的性能。选择高效的算法和数据结构，避免不必要的计算和内存消耗，能够提升软件的整体性能。软件编程是一个综合考虑多方面因素的复杂过程。经过规范的编码、注重可读性和可维护性、采用模块化编程等方法，开发人员可以编写出高质量的、可靠的软件代码。这样的代码不仅能够满足系统的需求，还为今后的维护和升级奠定了坚实的基础。

（二）数据库配置与管理

数据库配置与管理是确保系统高效运行的关键步骤，包括创建表格、定义字段、设置索引、编写存储过程等，以确保数据库能够高效地存储和检索财务数据，并保持数据的完整性。创建数据库表格是数据库配置的基础。根据财务系统的数据模型和需求，在数据库中创建相应的表格。每个表格应该有清晰的表名，并包含定义良好的字段，以确保数据的结构化存储。定义字段时要考虑到财务数据的特性和要求。确保每个字段都有适当的数据类型和长度，以避免存储和查询时的不必要的浪费。对于日期、金额等敏感数据，要确保精确度和一致性，避免出现数据误差。设置索引是提高数据库检索效率的关键。对于经常被查询的字段，特别是用于连接表格的字段，建立索引可以显著提高查询性能。然而，要谨慎使用索引，避免过多的索引和过大的索引大小，以防止对写操作性能的影响。编写存储过程是数据库配置和管理的另一方面。存储过程是一组预编译的 SQL 语句，可以在数据库中执行。经过编写存储过程，可以提高数据库的安全性、一致性和效率。存储过程还可以用于执行复杂的数据操作，如批量处理和事务管理。数据的备份和恢复是数据库管理的关键任务。定期进行数据库备份，确保在意外情况下能够迅速恢复数据。考虑使用不同的备份策略，如完全备份、增量备份等，以满足系统对数据可靠性和恢复速度的需求。监控数据库性能也是数据库配置与管理的不可忽视的方面。使用数据库性能监控工具，定期检查数据库的性能指标，如查询响应时间、数据库连接数等。及时发现并解决潜在的性能问题，以确保数据库能够高效地支持财务系统的运行。确保数据库的安全性是数据库配置与管理的重中之重。采用身份验证和授权机制，限制用户对数据库的访问权限。定期进行安全审计，检查数据库是否受到潜在的威胁。保护数据库中的敏感数据，采用加密和脱敏等手段，防范数据泄露风险。经过合理的数据库配置与管理，可以确保数据库能够高效、安全地存储和检索财务数据，为财务系统提供可靠的支持。

（三）系统稳定性与测试

进行全面的功能测试，确保系统能够按照需求规格书中描述的方式运行。测试涵盖各个模块和功能，包括异常情况的处理。经过反复的测试过程，发现并修复潜在的问题，确保系统在生产环境中能够稳定可靠地运行。进行全面的功能测试是保证系统功能准确实现的基础。功能测试应该覆盖系统的各个模块和功能点，包括用户界面、业务逻辑、数据处理等方面。经过模拟用户的实际操作，验证系统是否能够正确地响应各种输入和操作。在功能测试中，要特别关注异常情况的处理。测试系统在面对无效输入、错误操作或其他异常情况时的反应。确保系统能够正确地处理并提示用户错误信息，而不会因异常而导致系统崩溃或数据丢失。持续的回归测试是确保系统稳定性的关键。在每次系统更新或改动后，执行回归测试，确保新的改动没有引入新的问题，同时保证之前的功能仍然正常运行。这有助于及时发现并修复潜在的问题，保障系统的稳定性。性能测试是评估系统响应速度和吞吐量的重要手段。经过模拟系统在高负载下的运行情况，测试系统在不同条件下的性能表现。检查系统在并发用户和大规模数据处理时的稳定性，以确保系统在实际使用中能够满足性能需求。安全性测试是确保系统数据安全的关键步骤。测试系统的身份验证和授权机制，确保只有经过授权的用户能够访问系统的敏感数据。经过模拟常见的安全攻击，如 SQL 注入、跨站脚本等，评估系统对安全威胁的抵御能力。用户验收测试是在系统交付给最终用户之前的最后一道关口。由最终用户执行测试，验证系统是否满足他们的实际需求和期望。

用户验收测试有助于确保系统在实际使用中能够符合用户的预期，并提供良好的用户体验。定期进行系统监控和日志分析也是确保系统稳定性的有效手段。经过监控系统的运行状况，及时发现并解决潜在的问题。分析系统日志，了解系统的使用情况和潜在的异常情况，以提高系统的稳定性和可靠性。经过全面的测试流程，可以发现并修复潜在的问题，确保系统在生产环境中能够稳定可靠地运行。系统稳定性与测试是保障财务系统顺利运行的关键步骤，为用户提供可靠的财务支持。

（四）业务需求实现

业务需求实现是确保系统能够有效支持财务报告、预算管理、风险分析等方面具体需求的关键步骤。在这一阶段，我们需要与需求分析阶段的文档进行比对，确保每个功能点都得到正确地实现。对照需求分析文档，逐一验证系统是否满足每个功能点的要求。确保系统能够生成准确且符合标准的财务报告，支持灵活的预算管理，以及提供有效的风险分析工具。对于每个功能点，进行详细的测试和验证，确保其按照预期工作。与业务团队密切合作是确保业务需求实现的关键。与业务团队保持沟通，获取他们的实际反馈和需求调整。业务团队的使用经验和反馈是调整系统的重要依据，以确保系统与实际业务流程紧密衔接。在实施过程中，可能会遇到一些需求变更或新增的情况。及时响应这些变更，进行合理的调整和开发，确保系统能够灵活应对业务的变化。持续与业务团队合作，共同推动系统的不断优化和升级。进行用户培训是确保业务需求实现的另一重要方面。向用户提供详细的培训，使他们能够充分了解系统的各项功能和操作流程。用户培训有助于提高用户的熟练度，减少操作误差，更好地利用系统提供的功能。定期进行业务需求的审查和评估是保持系统与业务要求一致的关键。与业务团队一起定期审查系统的性能、功能和用户体验。收集用户的反馈，了解他们的需求变化，以便及时调整系统，保持其与业务要求的紧密匹配。确保系统的文档和帮助资源是完备的。用户需要有准确详细的文档来了解系统的功能和操作方法。提供清晰的帮助资源，使用户能够在使用系统时随时获取支持和指导。经过与业务团队的密切合作，及时响应变更，进行用户培训，进行业务需求的审查和评估，以及提供完备的文档和帮助资源，可以确保系统成功实现财务报告、预算管理、风险分析等方面的具体需求。这有助于提供给用户一个更加满足其实际需求的系统。

四、测试与验证

在系统开发完成后，进行全面的测试，以确保系统能够按照设计要求正常运行。这包括功能测试、性能测试、安全性测试等。验证系统是否满足财务需求，并且对各种操作情境都有良好的响应。

（一）功能测试

在这一阶段，每个功能模块都会被独立地测试，以验证其是否符合需求规格书中的描述。这包括确保财务报告、预算管理、风险分析等功能在各种情境下都能够正确执行。对系统的每个功能点进行详细的测试计划和用例设计。测试计划应涵盖财务报告、预算管理、风险分析等各个功能模块，并明确定义测试的输入、预期输出和执行步骤。进行功能测试时，首先验证系统的基本功能。例如，对于财务报告功能，确认系统能够正确生成各类报表，包括资产负债表、利润表等。对于预算管理功能，验证系统能够有效地进行预算编制、审批和监控。对于风险分析功能，确保系统能够准确识别和评估潜在风险。接着，进行正常情境下的测试，模拟用户正常的操作流程。测试各个功能模块在标准使用场景下的表现，确保用户能够顺利完成各项任务。例如，对于财务报告功能，模拟用户按照标准流程生成月度财务报告。在正常情境测试的基础上，进行异常情境下的测试。模拟用户可能遇到的异常情况，如无效的输入、网络中断、系统故障等。确保系统能够正确处理这些异常情况，提供用户友好的提示和解决方案。对于每个功能模块，进行边界测试是必要的。测试各个功能在输入数据达到边界值时的表现，确保系统能够正确处理边界情况，防止由于边界问题导致的错误。考虑到系统的兼容性，进行跨浏览器和跨设备的测试。确保系统在不同浏览器和设备上都能够正常运行，提供一致的用户体验。在功能测试的过程中，记录并报告所有发现的问题。对于发现的问题，进行详细的缺陷分析，包括问题的原因、影响范围和解决方案。确保所有问题在解决后经过再次测试确认。经过充分的功能测试，可以确保系统在各种情境下都能够稳定、可靠地运行，提供用户预期的功能和体验。这是保障财务系统顺利运行的重要步骤。

（二）性能测试

在性能测试中，系统的各项性能指标将被全面评估，包括响应时间、并发处理能力、负载能力等。对系统的响应时间进行测试。经过模拟用户在不同情境下的操作，测量系统对用户请求的响应时间。确保系统在正常负载下能够快速响应用户的操作，提供流畅的用户体验。关注系统在高负载情况下的响应时间，确保系统仍能够保持相对较短的响应时间。并发处理能力是性能测试的重要方面之一。测试系统在同时处理多个用户请求时的性能表现。经过逐步增加并发用户数，评估系统的并发处理能力。确保系统能够在高并发情况下有效地分配资源，防止出现性能瓶颈。负载能力测试是测试系统在极限负载下的表现。经过逐渐增加负载，测试系统在极端情况下是否能够保持稳定运行。这包括对系统的容量进行评估，确保系统能够处理大规模的数据量和用户请求。考虑到系统的可扩展性，可以进行扩展性测试。测试系统在添加额外硬件资源或经过横向扩展增加节点时的性能提升情况。确保系统能够灵活应对不断增长的负载需求，实现横向扩展的效果。在性能测试的过程中，收集系统各项性能指标的数据，并进行分析。这包括 CPU 使用率、内存消耗、网络带宽等。经过监测这些性能指标，可以及时发现潜在的性能问题，并采取相应的优化措施。对性能测试的结果进行报告和总结。确保测试过程中发现的性能问题得到详细记录，同时提供相应的优化建议。性能测试的目标是确保系统在不同负载和情境下都能够稳定高效地运行，为用户提供良好的使用体验。经过充分的性能测试，可以发现并解决系统在高负载情况下可能出现的性能问题，确保系统在实际使用中能够以高效的方式满足用户的需求。

(三) 安全性测试

安全性测试是验证系统在面对潜在威胁时的能力，包括对数据的保护、用户身份验证、访问权限等方面的测试。这一测试阶段旨在确保系统能够抵御可能的安全攻击，保障财务数据的机密性和完整性。对系统的身份验证进行测试。验证系统是否能够正确识别用户身份，并限制未经授权的访问。测试包括使用正确的凭证登录系统，以及尝试使用无效或伪造的凭证进行登录。确保系统在身份验证方面具有足够的安全性。访问权限测试是测试系统是否正确实施了不同用户角色的访问权限。经过模拟不同用户角色的操作，验证系统是否能够正确地限制用户对不同功能和数据的访问权限。确保系统在权限控制方面不存在漏洞，防止未授权的用户获取敏感信息。数据保护测试是验证系统对财务数据的机密性和完整性的保护。测试包括对数据的加密、脱敏和完整性检查等方面。确保系统能够有效地保护财务数据免受未经授权的访问和篡改。网络安全测试是测试系统在网络通信中的安全性。包括对数据传输过程中的加密机制、防火墙设置和网络漏洞的测试。确保系统在网络层面上具备足够的安全性，防止网络攻击对系统造成威胁。注入攻击测试是测试系统是否容易受到注入攻击，如 SQL 注入、XSS 攻击等。经过尝试注入恶意代码，验证系统是否能够正确地过滤和防范此类攻击。确保系统对用户输入进行有效的验证和过滤，防止潜在的安全漏洞。社会工程学测试是测试系统在面对社交工程攻击时的警觉性。经过模拟社交工程手段，如钓鱼攻击、欺诈等，验证系统是否能够防范用户被欺骗或误导。确保系统在用户教育和警惕性方面具备一定的安全性。对安全性测试的结果进行报告和总结。报告应包括测试发现的安全漏洞、问题以及提出的改进建议。安全性测试的目标是确保系统在面对各种潜在威胁时具有足够的安全性，保障财务数据和系统的安全。经过充分的安全性测试，可以及时发现和解决系统可能存在的安全问题，提高系统在面对潜在威胁时的抵抗能力，确保用户的财务数据得到有效的保护。

（四）操作情境测试

操作情境测试是为了模拟系统在实际操作情境中的表现，包括模拟不同用户角色的操作、处理异常情况的能力，以及与其他系统的集成测试。经过这一测试阶段，确保系统在真实的工作环境中能够稳健地运行，满足用户的实际需求。模拟不同用户角色的操作是操作情境测试的重要组成部分。经过模拟系统中的各类用户，如财务管理员、普通用户等，测试他们在系统中的操作流程。确保不同用户角色能够按照其权限和职责有效地使用系统，完成各项任务。处理异常情况的能力也是操作情境测试的关键。测试系统在面对各种异常情况时的表现，包括输入错误、网络中断、系统故障等。确保系统能够正确识别和处理异常情况，提供用户友好的提示和解决方案，防止因异常情况而导致系统崩溃或数据丢失。集成测试是测试系统与其他系统或组件的协同工作能力。经过模拟系统与外部系统的交互，验证系统在与其他系统集成时是否能够正常运行。确保系统能够正确地接收和发送数据，保障与其他系统的无缝集成。模拟实际业务流程是操作情境测试的重要任务。经过模拟财务系统在实际业务环境中的运作流程，测试系统的整体性能和稳定性。确保系统能够顺利地支持实际业务流程，满足用户在日常操作中的需求。在操作情境测试中，关注系统的用户体验是至关重要的。经过收集用户的反馈和体验，了解他们在实际操作中的感受和遇到的问题。根据用户反馈，进行相应的调整和优化，提高系统的用户友好性和易用性。对操作情境测试的结果进行报告和总结。报告应包括测试过程中发现的问题、异常情况的处理情况，以及对系统操作情境的整体评估。确保系统在真实的操作情境中能够稳健地运行，为用户提供良好的操作体验。经过充分的操作情境测试，可以发现系统在实际工作环境中可能遇到的问题，并及时进行修复和优化，以确保系统能够顺利运行，满足用户在实际操作中的需求。

五、部署与维护

这一阶段不仅关乎项目的最终成功，还直接影响到系统在日常运行中的稳定性和可靠性。系统部署是整个建设过程的重要环节。在这个阶段，确保系统平稳过渡是至关重要的。这包括在部署过程中避免业务中断，确保用户在切换到新系统时能够无缝地继续他们的工作。为了实现这一目标，必须在部署前进行充分的测试，包括功能测试、性能测试以及用户验收测试。只有在确保系统各方面都能够正常运行的情况下，才能进行顺利的部署。除了技术层面的过渡，用户培训也是部署阶段不可忽视的一部分。用户需要熟悉新系统的界面、功能和操作流程，以充分发挥系统的潜力。培训计划应该根据不同用户群体的需求进行定制，确保他们能够迅速上手并有效地利用新系统。一旦系统成功部署，就进入了维护阶段。系统的维护不仅仅是修复 bug 和解决问题，还包括定期的更新和适应业务变化。定期的更新是确保系统安全性和性能的关键步骤，同时也可以引入新的功能和改进，保持系统的竞争力和适应性。修复漏洞也是维护阶段的一项重要任务。随着技术的不断发展和恶意攻击的日益复杂，系统可能会面临各种安全漏洞和风险。及时发现并修复这些漏洞是保障系统安全的必要手段，以防止潜在的损失和风险。系统维护还需要与业务变化保持同步。随着业务需求的变化，系统可能需要进行调整和优化，以满足新的要求和挑战。这需要与业务部门密切合作，及时了解业务变化的需求，并相应地调整系统配置和功能。系统建设并非一劳永逸的任务，而是需要持续的关注和维护。经过精心的部署和有效的维护，可以确保系统在长期运行中保持稳定、安全和高效。这需要团队的共同努力，以确保系统始终能够满足用户和业务的需求。

第三节 利用 Excel 进行财务分析的步骤与模型

一、数据导入和整理

在进行数据导入和整理的过程中，建立一个结构化的 Excel 工作簿是确保财务数据有效管理和分析的关键步骤。这一过程可以分为几个关键步骤，以确保数据的准确性、一致性和可操作性。创建一个新的 Excel 工作簿，作为整个财务数据的存储和分析平台。在这个工作簿中，为不同的财务指标创建独立的工作表，如收入表、支出表和资产负债表。开始导入数据时，可以采取手动输入或从其他数据源导入的方式。如果财务数据来自不同的渠道，确保在导入过程中维持数据的一致性。这可以经过标准化数据格式、命名规范和数据验证来实现。每个工作表应该按照财务指标的不同进行组织。例如，在收入表中，可以包括列如日期、客户、项目和金额等字段。在支出表中，可以有日期、供应商、费用类型和支出金额等字段。对于资产负债表，可能包括资产、负债和所有者权益等项目。在导入数据后，进行数据整理是至关重要的一步。这包括删除重复的数据、处理缺失值、进行数据标准化等。确保每个工作表的数据都是准确的，不包含不一致或错误的信息。另一个关键的步骤是设置数据格式。根据每个工作表中的数据类型，将列设置为适当的格式，如日期、货币、百分比等。这有助于提高数据的可读性和可视化效果。在每个工作表中，可以使用 Excel 的公式功能进行计算，以得出各种财务指标的汇总信息。例如，在收入表中，可以使用 SUM 函数计算总收入；在资产负债表中，可以计算总资产和总负债。考虑创建一个汇总表，用于综合展示各个工作表中的关键指标。这可以是一个仪表板或简单的总结表格，使用户能够一目了然地了解整体财务状况。经过以上步骤，建立一个有序的 Excel 工作簿，可以为财务数据的管理和分析提供强大的工具。这有助于业务决策者更好地理解公司的财务状况，制定有效的战略和计划。

二、基本数据分析

Excel 函数在基本数据分析中发挥着关键作用，能够帮助你快速而准确地得出关键指标，为业务决策提供支持。其中，SUM 函数是一种十分实用的工具，它可以帮助你轻松地计算总收入、总支出以及净利润。首先经过在相应的列或行输入 SUM 函数，你可以将特定范围内的数值相加，得到总和。比如，SUM（A1：A10）将会计算 A1 到 A10 单元格中数值的总和，这可以直接应用于总收入和总支出的计算。而净利润的计算则更为简单，只需用总收入减去总支出即可。经过数据透视表，你可以轻松地对数据进行分类、汇总和分析，快速获取总体情况。在 Excel 中，你可以选择数据范围，然后经过插入数据透视表来创建一个交互式报表。数据透视表可以根据你的需求将数据按照不同的维度进行分类，比如按照产品、地区或时间进行分类。你可以将总收入、总支出等指标放入相应的区域，一目了然地查看各项指标的汇总情况。经过数据透视表，你还可以轻松进行筛选、排序和展开数据，使得对于大量数据的分析变得更加高效。这种灵活性使你能够根据需要调整分析的维度，更好地理解数据背后的趋势和模式。利用 Excel 函数进行基本数据分析可以使你在短时间内得出准确的关键指标，而数据透视表则为你提供了一种直观而灵活的方式来分类汇总数据。这两者的结合将大大提高你对业务状况的洞察力，为决策提供有力的支持。

三、趋势分析和图表展示

在财务分析中，趋势分析和图表展示是强有力的工具，经过它们可以直观地呈现财务数据的变化趋势，帮助我们更好地理解公司的业务发展情况。利用 Excel 图表功能，你可以轻松创建趋势图、柱状图等，为数据提供可视化的展示。趋势图是展示数据随时间变化的理想工具。经过选择时间作为横轴，将财务指标（如净利润、总收入等）作为纵轴，你可以创建一张清晰的趋势图。这使得你能够一目了然地观察财务数据的变化趋势，识别可能的增长或下降趋势，更好地制定未来的战略计划。、柱状图是另一种强大的工具，特别适用于比较不同时间点或不同业务部门的数据。经过在 Excel 中选择相应的数据范围并应用柱状图功能，你可以将财务数据以直观的方式呈现出来。柱状图的高低差异能够清晰地展示出不同时间段或不同指标之间的对比关系，帮助你更深入地理解业务的发展状况。经过这些图表可以迅速识别业务的亮点和潜在的挑战。比如，如果净利润呈现稳步增长的趋势，这可能表明公司的盈利能力良好；而如果某一季度的总收入出现下滑，可能需要进一步分析原因并采取相应措施。图表的可视化效果使得数据分析更加直观，使决策者能够更迅速而准确地做出判断。综合来看，经过利用 Excel 的图表功能，趋势图和柱状图等工具能够为你提供清晰的业务洞察，帮助你更好地理解财务数据的发展趋势，更有针对性地制定战略和决策。

四、灵活性与场景分析

在 Excel 中设计一个灵活的财务模型，经过更改输入值观察不同场景下的财务分析结果是一种极为有用的方法。这种模型可以帮助公司应对不同的经济情况和业务变化，制定灵活的经营计划。以下是一些可行的方法和 Excel 功能，可以实现这样的场景分析：利用 Excel 的数据表功能，你可以轻松创建一个表格，用于展示不同输入值对财务指标的影响。例如，可以在一列输入不同的销售增长率，而在另一列显示相应的净利润。经过数据表，你可以一眼看出在不同场景下公司的盈利状况，有助于做出更明智的经营决策。使用条件格式可以使不同的数值在表格中以不同的颜色或格式显示，更加直观地呈现数据的变化。经过设置条件格式，你可以迅速识别出在不同输入值下财务指标的表现，这有助于在大量数据中快速发现关键信息。Excel 的场景管理器功能允许你保存和比较不同的输入值组合，以便在不同的场景下进行比较。经过创建不同的场景，你可以轻松切换不同的经营计划，观察它们对财务状况的影响，并找到最具灵活性和适应性的方案。利用 Excel 的图表和趋势图功能，你可以将不同场景下的数据以可视化的方式呈现出来。经过更改输入值并观察相应图表的变化，你可以更直观地理解不同经营计划对财务表现的影响。经过设计这样的 Excel 模型，公司可以更灵活地应对市场变化和内部挑战。这种场景分析的方法使得决策者能够更好地理解不同决策路径的风险和机会，制定更具前瞻性和应变能力的经营计划。

参考文献

[1] 葛家澍,刘峰. 会计学导论[M]. 2 版. 上海:立信会计出版社,2000.

[2] 财政部. 企业会计制度[M]. 北京:经济科学出版社,2001.

[3] 朱小平. 初级会计学[M]. 北京:中国人民大学出版社,2001.

[4] 王敏,吕玉芹. 基础会计[M]. 北京:经济科学出版社,2001.

[5] 张新民. 上市公司财务报表分析[M]. 北京:对外经济贸易大学出版社,2002.

[6] 陈希圣. 会计报表编制与分析[M]. 上海:立信会计出版社,2002.

[7] 吴革. 财务报告陷阱[M]. 北京:北京出版社,2004.

[8] 常勋. 财务会计四大难题[M]. 上海:立信会计出版社,2005.

[9] 贺国文. 中华人民共和国最新财会政策法规文件汇编[M]. 北京:中国法制研究出版社,2007.

[10] 荆怡然. 现代企业财务会计管理效能的重要性探讨[J]. 投资与创业,2022,33(24):49-51.

[11] 李家威. 如何加强剧院企业财务会计管理工作[J]. 今日财富,2023,414(04):131-133.

[12] 卢丹萍. 经济管理中企业财务会计的重要性[J]. 财富生活,2023,127(04):94-96.

[13] 朱晓华. 新会计准则背景下企业财务会计管理创新策略[J]. 经济研究导刊,2023,533(03):119-121.

[14] 张月月. 企业财务会计管理提质增效的路径[J]. 今日财富(中国知识产权),2023,410(01):101-103.

[15] 杨忠翠. 网络环境下企业财务会计管理模式的创新[J]. 今日财富,2023,409(01):122-124.

[16] 荆怡然. 现代企业财务会计管理效能的重要性探讨[J]. 投资与创业,2022,33(24):49-51.

[17]徐秀娟．财税政策下财务会计管理工作的研究[J]．农家参谋,2022,749(24):98
    -99.

[18]邹沈阳．煤矿企业财务会计存在的问题及管理研究[J]．老字号品牌营销,2022
    (24):163-165.

[19]蒋悦铭．金融工具创新对企业财务会计管理的影响[J]．今日财富,2022,408(24):
    25-27.

[20]许越．企业财务会计内部控制管理的改进措施[J]．中国物流与采购,2022,661
    (24):114-115.

[21]李丽婷．网络经济时代的财务会计管理[J]．财会学习,2022,352(35):82-84.

[22]孙会会．企业财务会计向管理会计转型的措施分析[J]．支点,2022,132(12):102
    -104.

[23]张辉．企业财务会计内控管理机制构建与优化[J]．现代企业,2022,447(12):10
    -12.

[24]马楠．信息化背景下企业财务会计工作管理问题研究[J]．今日财富,2022,385
    (09):139-141.

[25]张琰．"互联网+"环境下企业财务会计管理模式的创新分析[J]．商讯,2021,262
    (36):80-82.

[26]叶睿．互联网背景下企业财务会计管理的发展策略[J]．今日财富(中国知识产
    权),2021,371(12):94-96.

[27]林丽．管理会计与财务会计的融合探讨[J]．中国市场,2021,1099(36):152-153.

[28]顾兵理．企业财务会计管理中存在的问题及对策[J]．纳税,2021,15(34):44-46.

[29]周诠．财务会计与管理会计的融合路径刍议[J]．财会学习,2021,315(34):117
    -118.

[30]田娜．大数据视角下财务会计向管理会计转型思考[J]．全国流通经济,2021,2301
    (33):175-177.